国家职业技能鉴定推荐教程
人力资源和社会保障部职业能力建设司推荐

国家职业技能鉴定考试指导

前厅服务员

（基础知识）

第2版

主 编 洪 涛

中国劳动社会保障出版社

图书在版编目(CIP)数据

前厅服务员：基础知识/人力资源和社会保障部教材办公室组织编写. —2版. —北京：中国劳动社会保障出版社，2013

国家职业技能鉴定考试指导

ISBN 978-7-5167-0486-8

Ⅰ.①前… Ⅱ.①人… Ⅲ.①饭店-商业服务-职业技能-鉴定-自学参考资料 Ⅳ.①F719.2

中国版本图书馆 CIP 数据核字(2013)第 163280 号

中国劳动社会保障出版社出版发行

（北京市惠新东街 1 号 邮政编码：100029）

出 版 人：张梦欣

*

北京金明盛印刷有限公司印刷装订 新华书店经销

787 毫米×1092 毫米 16 开本 8.75 印张 169 千字

2013 年 7 月第 2 版 2013 年 7 月第 1 次印刷

定价：18.00 元

读者服务部电话：(010) 64929211/64921644/84643933

发行部电话：(010) 64961894

出版社网址：http://www.class.com.cn

编写说明

《国家职业技能鉴定考试指导》（以下简称《考试指导》）是《国家职业资格培训教程》（以下简称《教程》）的配套辅助教材，每本《教程》对应配套编写一册《考试指导》。《考试指导》共包括两部分：

第一部分：鉴定指导。此部分内容按照《教程》章的顺序，对照《教程》各章内容编写。每章包括五项内容：考核要点、重点复习提示、理论知识辅导练习题、操作技能辅导练习题、参考答案及说明。

——考核要点是依据国家职业技能标准、结合《教程》内容归纳出的该职业从基础知识到《教程》各章内容的考核要点，以表格形式叙述。表格由考核范围、考核要点及重要程度三部分组成。

——重点复习提示为《教程》各章内容的重点提炼，使读者在全面了解《教程》内容基础上重点掌握核心内容，达到更好地把握考核要点的目的。

——理论知识题型采用三种客观性命题方式，即判断题、单项选择题和多项选择题，题目内容、题目数量严格依据理论知识考核要点，并结合《教程》内容设置。

——操作技能题型按职业实际情况安排了实际操作题。每题均附考核要求、准备工作、考核时限、评分项目及标准等内容，使读者能充分了解现场考试要求和评分要点。

——参考答案及说明中，除答案外对题目还配有简要说明，重点解读出题思路、答题要点等，目的是完成解题的同时使读者能够对学过的内容重新进行梳理。

第二部分：模拟试卷。包括该级别理论知识考核模拟试卷、操作技能考核模拟试卷若干套，并附有参考答案。

本职业《考试指导》共包括 4 本，即基础知识、初级、中级、高级。本书是其中的一本，适用于对前厅服务员的职业技能培训和鉴定考核。本书无操作技能辅导练习题和操作技能考核模拟试卷，仅包括基础知识鉴定指导和模拟试卷两部分。

编写《考试指导》是一项探索性工作。由于时间仓促，缺乏经验，不足之处在所难免，欢迎各使用单位和个人提出宝贵意见和建议。

编写说明

目　录

第一部分　鉴定指导

第二部分　模拟试卷

第一部分　鉴定指导

第一章　职业道德

考核要点

基础知识考核范围	考核要点	重要程度
职业道德基本知识	1. 道德	掌握
	2. 职业道德	掌握
职业守则	1. 热情友好，宾客至上	熟悉
	2. 真诚公道，信誉第一	熟悉
	3. 文明礼貌，优质服务	熟悉
	4. 以客为尊，一视同仁	熟悉
	5. 团结协作，顾全大局	熟悉
	6. 遵纪守法，廉洁奉公	熟悉
	7. 钻研业务，提高技能	熟悉

重点复习提示

一、职业道德基本知识

1. 道德

马克思主义伦理学认为，道德是人类社会特有的，由社会经济关系决定的，依靠内心信念和社会舆论、风俗习惯等方式来调整人与人之间、个人与社会之间以及人与自然之间的关系的特殊行为规范的总和。它包含了以下三层含义：

第一，一个社会的道德的性质、内容，是由社会生产方式、经济关系（即物质利益关系）决定的；也就是说，有什么样的生产方式、经济关系，就有什么样的道德体系。

第二，道德是以善与恶、好与坏、偏私与公正等作为标准来调整人们之间的行为的。一方面，道德作为标准，影响着人们的价值取向和行为模式；另一方面，道德也是人们对行为选择、关系调整做出善恶判断的评价标准。

第三，道德不是由专门的机构来制定和强制执行的，而是依靠社会舆论和人们的内心信念、传统思想和教育的力量来调节的。根据马克思主义理论，道德属于社会上层建筑领域，是一种特殊的社会现象。

根据道德的表现形式，通常我们把道德分为家庭美德、社会公德和职业道德三大领域。

2. 职业道德

（1）职业道德的内涵。职业道德是从事一定职业的人们在职业活动中应该遵循的，依靠社会舆论、传统习惯和内心信念来维持的行为规范的总和。它调节从业人员与服务对象、从业人员之间、从业人员与职业之间的关系。它是职业或行业范围内的特殊要求，是社会道德在职业领域的具体体现。

（2）职业道德的基本要素。职业道德的基本要素包括：1）职业理想；2）职业态度；3）职业义务；4）职业纪律；5）职业良心；6）职业荣誉；7）职业作风。

（3）职业道德的特征。职业道德作为职业行为的准则之一，与其他职业行为准则相比，体现出以下特征：1）鲜明的行业性；2）适用范围上的有限性；3）表现形式的多样性；4）一定的强制性；5）相对稳定性；6）利益相关性。

（4）提倡职业道德对于前厅服务员的意义

1）提高对酒店前厅工作的认识。

2）加深对酒店前厅工作的情感。

3）磨炼工作意志。

4）养成良好的酒店职业行为和习惯。

（5）提倡职业道德对于酒店的意义

1）树立酒店良好的品牌形象。

2）提高酒店前厅的服务质量。

3）促使酒店前厅员工全面素质提高。

二、职业守则

1. 热情友好，宾客至上

热情友好既是一种道德情感，又是一种道德行为。热情友好是建立在酒店前厅服务员对酒店业道德义务和道德价值的认识基础之上，在服务中倾注满腔热情，真诚友好地接待每一位宾客。宾客至上是指在酒店前厅接待与服务中，一切都要以宾客为中心，宾客的任何一点要求，都有责任全力去做好。

（1）宾客第一，以客为尊。

（2）贯彻服务宗旨，道德规范行为。前厅的优质服务是酒店职业道德的一个极其具有行业特点的道德规范，也是酒店前厅服务员必须具备的素质要求之一。

（3）尽心尽责，服务周到。

2. 真诚公道，信誉第一

“真诚公道，信誉第一”是通过建立良好的酒店形象和声誉，最终求得酒店经济效益快速增长的有效途径。真诚就是对宾客真心诚意，讲究信用，信守诺言，不弄虚作假，信誉第一，信誉是酒店的生命。真诚公道，信誉第一是酒店职业道德的重要规范，也是热情友好、宾客至上的继续和保证。

诚实守信是中华民族的传统美德，也是前厅服务员根本的行为准则，更是保证酒店长盛不衰的秘诀。职业道德教育，就是要培养服务员的诚实守信意识，以保证在工作中能以诚待人，以诚待客，扎扎实实地把服务工作做好。

（1）满足宾客需求，维护宾客利益。

（2）按质论价，收费合理。

（3）真诚待客，拾金不昧。

3. 文明礼貌，优质服务

文明礼貌是社会公德的基本内容和重要规范，也是酒店业职业道德的基本规范。礼貌是人们在日常交往时，相互表示敬重和友好的行为规范。它对人们交往时的最基本的要求是诚恳、谦恭、和善、有分寸。

（1）微笑服务，礼貌待客。微笑服务，是酒店从业人员真诚服务的象征。微笑是宾客感情的需要，能够给宾客亲切感；微笑也是酒店业发展的需要。

（2）保质保量，设施完好。

（3）尽心尽责，服务周到。

4. 以客为尊，一视同仁

酒店前厅服务员在接待宾客过程中，既要尊重宾客，热情友好往来，尽到自己的职责和义务，又要做到自尊、自爱、自信，体现出主人翁精神和民族自尊心，以及国格、人格。一视同仁的“一视”，就是一样看待；同仁，就是同样仁爱。一视同仁就是要求在各类不同的宾客面前都能够一样对待，尊重宾客，维护其合法权益，真诚为其服务。以客为尊、一视同仁是酒店前厅服务员的民族自尊心、自信心以及国格、人格的体现，也表现出员工的爱国主义精神。

（1）一视同仁，以礼相待。

（2）谦虚谨慎，自尊自强。

5. 团结协作，顾全大局

团结协作，顾全大局是酒店前厅服务员正确处理同事之间、部门之间、酒店之间以及局部利益与整体利益之间、眼前利益与长远利益之间等相互关系的行为准则。它要求酒店前厅服务员处理好个人、集体、国家三者的关系，自觉做到个人利益服从集体利益，局部利益服从整体利益，眼前利益服从长远利益。这是一种较高的道德要求，但又是在酒店服务活动中经常遇到的而且要妥善解决的问题。

（1）密切配合，互相支持。

（2）学习先进，互相帮助。

6. 遵纪守法，廉洁奉公

遵纪守法，廉洁奉公也是酒店前厅服务员的一项基本品质和应遵循的重要道德规范。遵纪就是应遵守酒店规定的各种行为规范。守法就是遵守国家的法律，也包括执行国家的政策。廉洁奉公就是自觉抵制各种不正之风，坚持原则，不徇私情，不谋私利，遵循严谨的工作作风。

（1）自觉遵守职业纪律。

（2）严格执行政策法令。

（3）树立主人翁的责任感。

7. 钻研业务，提高技能

钻研业务，提高技能是酒店业共同的业务要求和道德规范，也是酒店前厅服务员做好本职工作的关键。钻研业务，提高技能不只是一种业务要求，也是酒店业的一项重要的职业道德规范。酒店前厅服务员的基本职业道德是为宾客提供优质的服务，员工的业务水平和技能是直接服务于此目的的。自觉刻苦钻研业务，提高技能也就成了一种道德义务。如果只有做好工作的愿望，没有做好工作的本领，仍然有违职业道德要求。

（1）要有崇高的职业理想。

（2）刻苦钻研，不断进取。

辅导练习题

一、判断题（下列判断正确的请在括号内打“√”，错误的请在括号内打“×”）

1. 道德是同一定社会的经济关系相联系，是用来调节人与人、人与社会、人与自然之间相互关系的原则和规范的总和。（ ）

2. 道德同法律一样，都是依靠国家的强制力量来实行的。（ ）

3. 根据马克思主义理论，道德属于社会上层建筑领域，是一种特殊的社会现象。（ ）

4. 职业道德只是本单位自行制定的道德规范，脱离了该单位就自动失效了。（ ）

5. 按照人类生产、生活、社会实践活动领域的不同，道德中不包括家庭美德。（ ）

6. 前厅服务员与保安部员工都应当对宾客热情友好，但是在这方面所肩负的具体道德责任不尽一样，这主要体现了酒店职业道德中的安全性。（ ）

7. 保护国内外宾客的生命不受侵犯，这主要体现了酒店职业道德中的安全性。（ ）

8. 职业道德是历史继承性和时代进步性的高度统一体。（ ）

9. 对于职业道德的衡量，传统习惯是一种来自外部的约束力。（ ）

10. 对于职业道德的衡量，社会舆论是一种来自外部的约束力。（ ）

11. 道德是职业或行业范围内的特殊要求，是社会道德在职业领域的具体体现。（ ）

12. 职业道德的基本要素包括职业理想、职业态度、职业义务、职业纪律、职业良心、职业荣誉和职业作风。（ ）

13. 人们所从事的职业和岗位不同，其职业良心的表现形式往往也不同。（ ）

14. 职业道德的特征有鲜明的行业性、适用范围上的有限性、表现形式的多样性、一定的强制性、相对稳定性、利益相关性。（ ）

15. 职业一般处于相对稳定的状态，决定了反映职业要求的职业道德必然处于相对稳定的状态。（ ）

16. 在酒店业，职业道德对于前厅服务员的意义不包括职业道德可以使员工增加收入。（ ）

17. 在酒店业，职业道德对于前厅服务员的意义包括养成良好的酒店职业行为和习惯。（ ）

18. 提倡职业道德对于酒店的意义包括职业道德可以树立酒店良好的品牌形象。（ ）

19. 提倡职业道德对于酒店的意义不包括职业道德可以提高酒店前厅的服务质量。（ ）

20. 前厅的优质服务是酒店职业道德的一个极其具有行业特点的道德规范。（ ）

21. “真诚公道，信誉第一”是通过建立良好的酒店形象和声誉，最终求得酒店经济效益快速增长的有效途径。（ ）

22. 团结协作，顾全大局是酒店前厅服务员正确处理同事之间、部门之间等相互关系的行为准则。（ ）

23. 宾客至上是指在酒店前厅接待与服务中，一切都要以宾客为中心。（ ）

24. 热情友好既是一种道德情感，又是一种道德行为。（ ）

25. 诚实守信是中华民族的传统美德，也是前厅服务员根本的行为准则，更是保证酒店长盛不衰的秘诀。 （ ）

26. 拾金不昧不仅仅是一个口号、一个名词，更应该是一种信念、一种精神。 （ ）

27. 文明礼貌是社会公德的基本内容和重要规范，也是酒店业职业道德的基本规范。 （ ）

28. 微笑服务是酒店从业人员真诚服务的象征，微笑是宾客感情的需要。 （ ）

29. 以客为尊是酒店前厅服务员的民族自尊心、自信心以及国格、人格的体现，也表现出员工的爱国主义精神。 （ ）

30. 遵纪守法，廉洁奉公也是酒店前厅服务员的一项基本品质和应遵循的重要道德规范。 （ ）

31. 钻研业务，提高技能是酒店业共同的业务要求和道德规范，也是酒店前厅服务员做好本职工作的关键。 （ ）

32. 一视同仁就是要求酒店员工在各类不同的宾客面前都能够一样对待。 （ ）

二、单项选择题（下列每题有 4 个选项，其中只有 1 个是正确的，请将其代号填写在横线空白处）

1. 道德是同一定社会的经济关系相联系，________之间相互关系的原则和规范的总和。

A. 只是用来调节人与社会　　B. 只是用来调节人与人、人与自然

C. 只是用来调节人与人、人与社会　　D. 是用来调节人与人、人与社会、人与自然

2. 下列有关道德的认识错误的是________。

A. 遵守道德能够使社会趋于稳定

B. 道德也可以用来调整各种社会关系

C. 只要遵守法律，就用不着遵守道德了

D. 道德是一种人的意识形态

3. 下列有关道德的认识正确的是________。

A. 道德无法调整人与社会的关系

B. 道德也可以用来调整各种社会关系

C. 道德同法律一样，都是依靠国家的强制力量来实行的

D. 道德无法调整人与自然的关系

4. 按照人类生产、生活、社会实践活动领域的不同，道德可划分为三个组成部分，其中不包括________。

A. 职业道德　　B. 家庭美德

C. 社会良知　　D. 社会公德

5. 在中国的传统观念中，“己所不欲，勿施于人”属于________。

A. 仁爱精神 B. 商业道德

C. 进取精神 D. 廉耻观

6. 在中国的传统观念中，“诚实守信，反对为富不仁”属于________。

A. 博爱精神 B. 商业道德

C. 进取精神 D. 廉耻观

7. 下列有关职业道德的表述不正确的是________。

A. 本行业的从业人员必须遵守职业道德

B. 职业道德是历史继承性和时代进步性的高度统一体

C. 职业道德只是本单位自行制定的道德规范，脱离了该单位就自动失效了

D. 职业道德是一种全行业的行为准则

8. 对于职业道德的衡量，社会舆论和________是一种来自外部的约束力。

A. 内心信念 B. 传统习惯

C. 心灵感应 D. 家庭成员的评价

9. 对于职业道德的衡量，________是一种内在的规范方式。

A. 行业内部有关领导的评价 B. 酒店内部员工的舆论

C. 内心信念 D. 心灵感应

10. 对于职业道德的衡量，________是一种来自外部的约束力。

A. 传统习惯和社会舆论 B. 内心信念和酒店内部员工的舆论

C. 心灵感应 D. 家庭成员的评价

11. 酒店星级越高，宾客对于超出一般吃住服务的“软性服务”要求越高，这主要体现了酒店职业道德中的________性。

A. 行业 B. 国际

C. 差异 D. 安全

12. 本酒店在与其他酒店，以及社会其他单位开展合作的过程中，往往都会在经费、人员、物资等方面产生错综复杂的内外部关系，这主要体现了酒店职业道德中的________性。

A. 完美 B. 安全

C. 利益相关 D. 差异

13. 职业义务是________。

A. 人们在职业活动中自觉地履行对他人、社会应尽的职业责任

B. 人们的世界观、人生观、价值观在职业活动中的集中体现

C. 社会对从业者职业道德活动的价值所做出的褒奖和肯定评价

D. 从业者在岗位工作中必须遵守的规章、制度、条例等职业行为规范

14. 当从业人员违反了具有一定法律效力的职业章程、职业合同、职业责任、操作规程，给企业和社会带来损失和危害时，职业道德就将用其具体的评价标准，对违规者进行处罚。这是道德的________性。

A. 一定的强制　　B. 鲜明的行业

C. 相对稳定　　D. 利益相关

15. ________是形成职业态度的基础，是实现职业目标的精神动力。

A. 职业义务　　B. 职业理想

C. 职业纪律　　D. 职业荣誉

16. ________是从业者精神境界、职业道德素质和劳动态度的重要体现。

A. 职业义务　　B. 职业态度

C. 职业纪律　　D. 职业荣誉

17. 在酒店业，职业道德对于前厅服务员的意义不包括________。

A. 职业道德可以使员工提高对酒店前厅工作的认识

B. 职业道德可以让酒店业的经营规模高于其他行业

C. 职业道德可以加深员工对酒店前厅工作的情感

D. 职业道德可以磨炼员工工作的意志

18. 在酒店业，提倡职业道德对于酒店的意义不包括________。

A. 树立酒店良好的品牌形象　　B. 提高酒店前厅的服务质量

C. 促使酒店前厅员工全面素质提高　　D. 提高酒店的经营业绩

19. 职业守则的内容不包括________。

A. 热情友好，宾客至上　　B. 真诚公道，信誉第一

C. 文明礼貌，优质服务　　D. 交通安全，人人有责

20. “遵纪守法，廉洁奉公”的职业守则要求员工________。

A. 严格执行政策法令　　B. 密切配合，互相支持

C. 尽心尽责，服务周到　　D. 真诚待客，拾金不昧

21. “以客为尊，一视同仁”作为服务员的道德规范，就是________。

A. 尊重宾客的人格和愿望

B. 主动热情地去满足宾客的合理要求

C. 使宾客处在舒心悦目、平等友好的氛围中

D. 按质论价，收费合理

三、多项选择题（下列每题中的多个选项中，至少有2个是正确的，请将正确答案的代号填在横线空白处）

1. 道德分为________领域。

A. 家庭美德　　B. 个人品德

C. 社会公德　　D. 职业道德

2. 关于道德的含义，下列说法正确的是________。

A. 一个社会的道德的性质、内容是由社会生产方式、经济关系决定的

B. 道德是以善与恶、好与坏、偏私与公正等作为标准来调整人们之间的行为的

C. 道德是由国家法律强制执行的

D. 道德不是由专门的机构来制定和强制执行的，而是依靠社会舆论和人们的内心信念、传统思想和教育的力量来调节的

3. 职业道德的基本要素包括________等。

A. 职业理想　　B. 职业态度

C. 职业纪律　　D. 职业良心

4. 职业道德的特征是________。

A. 鲜明的行业性　　B. 适用范围上的有限性

C. 表现形式的多样性　　D. 一定的强制性

5. 职业道德调节________的关系。

A. 从业人员与服务对象之间　　B. 从业人员与从业人员之间

C. 从业人员与职业之间　　D. 从业人员与家庭成员之间

6. 提倡职业道德对于前厅服务员的意义是________。

A. 提高对酒店前厅工作的认识　　B. 加深对酒店前厅工作的情感

C. 磨炼工作意志　　D. 养成良好的酒店职业行为和习惯

7. 提倡职业道德对于酒店的意义是________。

A. 树立酒店良好的品牌形象　　B. 提高酒店前厅的服务质量

C. 促使酒店前厅员工素质全面提高　　D. 增加酒店的营业收入

8. "热情友好，宾客至上"的职业守则包含的内容是________。

A. 宾客第一，以客为尊　　B. 按质论价，收费合理

C. 贯彻服务宗旨，道德规范行为　　D. 尽心尽责，服务周到

9. "真诚公道，信誉第一"的职业守则包含的内容是________。

A. 宾客第一，以客为尊　　B. 满足宾客需求，维护宾客利益

C. 按质论价，收费合理　　D. 真诚待客，拾金不昧

10. “文明礼貌，优质服务”的职业守则包含的内容是________。

A. 微笑服务，礼貌待客　　B. 保质保量，设施完好

C. 尽心尽责，服务周到　　D. 真诚待客，拾金不昧

11. “团结协作，顾全大局”的职业守则包含的内容是________。

A. 密切配合，互相支持　　B. 保质保量，设施完好

C. 学习先进，互相帮助　　D. 真诚待客，拾金不昧

12. “钻研业务，提高技能”的职业守则包含的内容是________。

A. 微笑服务，礼貌待客　　B. 要有崇高的职业理想

C. 尽心尽责，服务周到　　D. 刻苦钻研，不断进取

参考答案及说明

一、判断题

1. √。这是道德的一个基本的含义。

2. ×。道德不是由专门的机构来制定和强制执行的，而是依靠社会舆论和人们的内心信念、传统思想和教育的力量来调节的。

3. √。这是马克思主义理论给道德作的一种解释和界定。

4. ×。职业道德不是本单位自行制定的道德规范，是从事一定职业的人们在职业活动中应该遵循的，依靠社会舆论、传统习惯和内心信念来维持的行为规范的总和。它调节从业人员与服务对象、从业人员之间、从业人员与职业之间的关系。

5. ×。根据道德的表现形式，通常我们把道德分为家庭美德、社会公德和职业道德三大领域。作为从事社会某一特定职业的从业者，要结合自身实际，加强职业道德修养，担负职业道德责任。同时，作为社会和家庭的重要成员，从业人员也要加强社会公德、家庭美德修养，担负起自己应尽的社会责任和家庭责任。

6. ×。前厅服务员与保安部员工都应当对宾客热情友好，但是在这方面所肩负的具体道德责任不尽一样，这主要体现了酒店职业道德中的差异性。

7. √。酒店职业道德包括保护酒店宾客的安全性。

8. √。对于历史遗留下来的职业道德，我们应给予批判的继承。同时职业道德还要体现时代精神，适应时代的需要，具有鲜明的时代性。

9. √。对于职业道德的衡量，传统习惯和社会舆论都是一种来自外部的约束力。

10. √。对于职业道德的衡量，传统习惯和社会舆论都是一种来自外部的约束力。

11. √。一方面，职业道德一般只适用于从业人员的岗位活动；另一方面，不同的职业

道德之间也有共同的特征和要求，存在共通的内容，如敬业、诚信、互助等，但在某一特定行业和具体的岗位上，必须有与该行业、该岗位相适应的具体的职业道德规范。

12.√。

13.√。职业良心是从业者在履行职业义务中所形成的对职业责任的自觉意识和自我评价活动。人们所从事的职业和岗位不同，其职业良心的表现形式往往也不同。例如，商业人员的职业良心是“诚实无欺”，医生的职业良心是“治病救人”。

14.√。职业道德的特征有鲜明的行业性、适用范围上的有限性、表现形式的多样性、一定的强制性、相对稳定性、利益相关性。

15.√。职业一般处于相对稳定的状态，决定了反映职业要求的职业道德必然处于相对稳定的状态。如商业行业“童叟无欺”的职业道德、医务行业“救死扶伤、治病救人”的职业道德等，千百年来为从事相关行业的人们所传承和遵守。

16.√。提倡职业道德对于前厅服务员的意义是提高对酒店前厅工作的认识，加深对酒店前厅工作的情感，磨炼工作意志，养成良好的酒店职业行为和习惯。

17.√。提倡职业道德对于前厅服务员的意义是提高对酒店前厅工作的认识，加深对酒店前厅工作的情感，磨炼工作意志，养成良好的酒店职业行为和习惯。

18.√。提倡职业道德对于酒店的意义是树立酒店良好的品牌形象，提高酒店前厅的服务质量，促使酒店前厅员工素质全面提高。

19.×。提倡职业道德对于酒店的意义是树立酒店良好的品牌形象，提高酒店前厅的服务质量，促使酒店前厅员工素质全面提高。

20.√。行业之间存在差异，各行各业都有特殊的道德要求。例如，商业领域对从业者的道德要求是“买卖公平，童叟无欺”，会计行业的职业道德要求是“不做假账”，驾驶员的职业道德要求是“遵守交规，文明行车”，等等，这些都是职业道德行业性特征的表现。

21.√。真诚公道，信誉第一是酒店职业道德的重要规范，也是热情友好，宾客至上的继续和保证。

22.√。团结协作，顾全大局要求我们处理好个人、集体、国家三者的关系，自觉做到个人利益服从集体利益，局部利益服从整体利益，眼前利益服从长远利益。

23.√。在为宾客提供服务时，把宾客放在首位，从宾客角度考虑问题。

24.√。热情友好是建立在酒店前厅服务员对酒店业道德义务和道德价值的认识基础之上，在服务中倾注满腔热情，真诚友好地接待每一位宾客。

25.√。诚实守信是酒店职业道德的重要规范，也是热情友好，宾客至上的继续和保证。

26.√。前厅服务员真诚地对待宾客，拾到宾客的物品要及时地归还给宾客。

27.√。在前厅对客服务中，特别要注重礼节、礼仪，讲究文明礼貌。为宾客提供优质服务就是提供标准化服务和个性化服务。

28. √。微笑是宾客感情的需要，能够给宾客亲切感；微笑也是酒店业发展的需要；微笑是酒店从业人员对自己职业价值的肯定。

29. √。酒店前厅服务员在接待宾客过程中，既要尊重宾客，热情友好往来，尽到自己的职责和义务，又要做到自尊、自爱、自信。

30. √。遵纪就是应遵守酒店规定的各种行为规范。守法就是遵守国家的法律，也包括执行国家的政策。廉洁奉公就是自觉抵制各种不正之风，坚持原则，不徇私情，不谋私利，遵循严谨的工作作风。

31. √。钻研业务、提高技能不只是一种业务要求，也是酒店业的一项重要的职业道德规范。

32. √。一视同仁就是要求在各类不同的宾客面前都能够一样对待，尊重宾客，维护其合法权益，真诚为其服务。

二、单项选择题

1. A。马克思主义伦理学认为，道德是人类社会特有的，由社会经济关系决定的，依靠内心信念和社会舆论、风俗习惯等方式来调整人与人之间、个人与社会之间以及人与自然之间的关系的特殊行为规范的总和。

2. C。道德和法律不同，道德是以善与恶、好与坏、偏私与公正等作为标准来调整人们之间的行为的。

3. B。道德可以调整人与人之间、个人与社会之间以及人与自然之间的关系。

4. C。根据道德的表现形式，通常我们把道德分为家庭美德、社会公德和职业道德三大领域。

5. A。

6. B。

7. C。职业道德不是本单位自行制定的道德规范，是从事一定职业的人们在职业活动中应该遵循的，依靠社会舆论、传统习惯和内心信念来维持的行为规范的总和。它调节从业人员与服务对象、从业人员之间、从业人员与职业之间的关系。

8. B。

9. C。

10. A。

11. A。行业之间存在差异，各行各业都有特殊的道德要求。

12. C。

13. A。职业义务是人们在职业活动中自觉地履行对他人、社会应尽的职业责任。我国的每一个从业者都有维护国家、集体利益，为人民服务的职业义务。

14. A。当从业人员违反了具有一定法律效力的职业章程、职业合同、职业责任、操作规程，给企业和社会带来损失和危害时，职业道德就将用其具体的评价标准，对违规者进行处罚，轻则受到经济和纪律处罚，重则移交司法机关，由法律来进行制裁。

15. B。职业理想是人们对职业活动目标的追求和向往，是人们的世界观、人生观、价值观在职业活动中的集中体现。

16. B。职业态度是人们在一定社会环境的影响下，通过职业活动和自身体验所形成的对岗位工作的一种相对稳定的劳动态度和心理倾向。

17. B。提倡职业道德对于前厅服务员的意义是提高对酒店前厅工作的认识，加深对酒店前厅工作的情感，磨炼工作意志，养成良好的酒店职业行为和习惯。

18. D。提倡职业道德对于酒店的意义是树立酒店良好的品牌形象，提高酒店前厅的服务质量，促使酒店前厅员工素质全面提高。

19. D。用排除法，“交通安全，人人有责”明显不是职业守则。

20. A。“遵纪守法，廉洁奉公”的职业守则要求员工自觉遵守职业纪律和严格执行政策法令。

21. A。酒店前厅服务员在接待宾客过程中，既要尊重宾客，热情友好往来，尽到自己的职责和义务，又要做到自尊、自爱、自信，体现出主人翁精神和民族自尊心，以及国格、人格。一视同仁就是要求在各类不同的宾客面前都能够一样对待，尊重宾客，维护其合法权益，真诚为其服务。

三、多项选择题

1. ACD。根据道德的表现形式，通常我们把道德分为家庭美德、社会公德和职业道德三大领域。

2. ABD。马克思主义伦理学认为，道德不是由法律来制定和强制执行的，而是依靠社会舆论和人们的内心信念、传统思想和教育的力量来调节的。

3. ABCD。职业道德的基本要素包括职业理想、职业态度、职业义务、职业纪律、职业良心、职业荣誉和职业作风。

4. ABCD。职业道德的特征是鲜明的行业性、适用范围上的有限性、表现形式的多样性、一定的强制性、相对稳定性、利益相关性。

5. ABC。职业道德是从事一定职业的人们在职业活动中应该遵循的，依靠社会舆论、传统习惯和内心信念来维持的行为规范的总和。它调节从业人员与服务对象、从业人员之间、从业人员与职业之间的关系。

6. ABCD。提倡职业道德对于前厅服务员的意义是提高对酒店前厅工作的认识，加深对酒店前厅工作的情感，磨炼工作意志，养成良好的酒店职业行为和习惯。

7. ABC。提倡职业道德对于酒店的意义是树立酒店良好的品牌形象，提高酒店前厅的服务质量，促使酒店前厅员工素质全面提高。

8. ACD。“热情友好，宾客至上”的职业守则包含的内容是宾客第一，以客为尊；贯彻服务宗旨，道德规范行为；尽心尽责，服务周到。

9. BCD。“真诚公道，信誉第一”的职业守则包含的内容是满足宾客需求，维护宾客利益；按质论价，收费合理；真诚待客，拾金不昧。

10. ABC。“文明礼貌，优质服务”的职业守则包含的内容是微笑服务，礼貌待客；保质保量，设施完好；尽心尽责，服务周到。

11. AC。“团结协作，顾全大局”的职业守则包含的内容是密切配合，互相支持；学习先进，互相帮助。

12. BD。“钻研业务，提高技能”的职业守则包含的内容是要有崇高的职业理想；刻苦钻研，不断进取。

第二章　前厅服务基础

考核要点

基础知识考核范围	考核要点	重要程度
一、前厅接待礼仪	1. 礼仪	掌握
	2. 仪表礼仪	掌握
	3. 沟通礼仪	掌握
二、我国主要少数民族生活习俗和禁忌	1. 藏族	熟悉
	2. 维吾尔族	熟悉
	3. 蒙古族	熟悉
	4. 回族	熟悉
	5. 壮族	熟悉
	6. 满族	熟悉
	7. 土家族	熟悉
	8. 苗族	熟悉
	9. 彝族	熟悉
三、主要客源国的宗教信仰和习俗	1. 日本	了解
	2. 韩国	了解
	3. 新加坡	了解
	4. 马来西亚	了解
	5. 泰国	了解
	6. 英国	了解
	7. 法国	了解
	8. 德国	了解
	9. 美国	了解
	10. 加拿大	了解
	11. 澳大利亚	了解
四、服务心理	1. 宾客的心理需求分析	掌握
	2. 服务心理策略	掌握
	3. 酒店员工心理知识	掌握

续表

基础知识考核范围	考核要点	重要程度
五、前厅服务质量	1. 前厅服务质量的内涵和特征	掌握
	2. 提升前厅服务质量管理的意义	掌握
	3. 提升前厅服务质量的措施	掌握
	4. 服务质量的检查和控制	掌握

重点复习提示

一、前厅接待礼仪

1. 礼仪

（1）礼仪的含义。礼仪是社会、道德、习俗、宗教等方面人们行为的规范，它是人们文明程度和道德修养的一种外在表现形式。礼仪是现代文明的重要组成部分。这种行为规范包含着个人的文明素养，也体现出人们的品行修养。礼仪包括人的仪容、仪表、姿态、服饰、风度等。现代服务礼仪属于职业礼仪的一种，它是指在各种服务工作中形成的，并得到共同认可的礼节和仪式，是前厅服务员在对客服务中恰当地表示对宾客的尊重和与宾客进行良好沟通的技巧和方法。

（2）礼仪的特点

1）沿袭性。礼仪的沿袭性是指礼仪形成本身是个动态发展过程，是在风俗和传统变化中形成的行为规范。在这种发展变化中，表现为一种继承和发展。礼仪一旦形成，就有一种相对独立性。现在的礼仪形式就是从昨天的历史中继承下来的，有不少优秀的还要继续传承下去；而那些不合时宜的则会逐渐被抛弃。礼仪的沿袭和继承是个不断扬弃的社会进步的过程。

2）国际性。礼仪是全社会的约定俗成，是全社会共同认可、普遍遵守的准则。礼仪代表一个国家、一个民族、一个地区的文化习俗特征。不少礼仪是全世界通用的，具有全人类的共同性。随着国际交往的不断增进，各个国家、地区和社会集团所惯用的一些礼仪形式，为世界范围内的人们所共同接受和经常使用，逐渐形成了一些更加规范化、专门化的国际礼仪。

礼仪的国际性，主要源于共同的经济生活和文化生活。经济的共同性必然导致礼仪的变化。共同的文化涵育了共同的礼仪。礼仪的国际性表明社会中的规范和准则，必须得到全社会的认同，才能在全社会中通用。现代礼仪兼容并蓄，融会世界各个国家的礼仪之长，使现代礼仪更加国际化、更加趋同化。

3）时代性。世界上任何事物都是发展变化的，礼仪虽然有较强的相对独立性和稳定性，但它也毫不例外地随着时代的发展而发展变化。社会交往的扩大，各国民族的礼仪文化都会互相渗透，尤其是西方礼仪文化引入中国，使中华礼仪在保持传统民族特色的基础上，发生了更文明、更简洁、更实用的变化。任何时代的礼仪由于其时代的特性和内容，往往就决定了它的表现，礼仪随时代的发展而发展变化。

（3）礼仪的基本原则：1）敬人；2）遵守；3）自律；4）适度；5）真诚。

（4）礼仪的作用：1）约束人们的行为；2）教化人们行为；3）调节人际关系。

2. 仪表礼仪

仪表是指人的外表，它包括容貌、姿态、风度以及个人卫生等方面。仪容在某种程度上也是仪表所包括的内容，泛指人的外观、外貌。

（1）仪容礼仪

1）注重仪表仪容的重要性

①是树立酒店良好形象的前提和基础。

②是尊重宾客的需要。

③反映了酒店的管理水平和服务质量。

④是增强前厅服务员自信心的有效手段。

2）酒店员工仪表仪容的原则

①注重个人卫生整洁。

②讲究规范性。

③强调和谐统一美。

④注重培养个人修养。

3）酒店员工仪表仪容的具体要求

酒店员工仪表仪容的具体要求包括头发、面部、指甲、个人卫生、化妆等方面。

（2）仪态礼仪

1）仪态礼仪。仪态可以传达思想感情，可以真实地反映心理活动。

2）酒店仪态礼仪的具体要求包括表情、微笑、站姿、走姿、坐姿、手势等方面。

3）服务员的服饰要求

①酒店服务员的服饰要符合三个特征：整洁实用、多样统一、和谐含蓄。

②前厅部员工的服饰要求。

3. 沟通礼仪

（1）沟通与交流礼节

1）沟通的意义：传递信息，激励员工，表达情感。

2）有效沟通的技巧

①提高语言技巧：语速、语调、清楚简洁、准确可信、幽默。

②学会积极倾听。

③运用有效的体态语言。

（2）电话礼仪

1）接听电话的礼仪：①及时接听；② 问好并自报家门；③ 认真接听；④ 使用礼貌用语；⑤ 做好记录；⑥ 结束通话。

2）拨打电话的礼仪：①做好准备工作；②说明意图；③注意语言；④结束通话。

3）语音语调的要求：①音量适中、发音清晰；② 声音有亲和力；③ 语调自然优美；④ 接打电话的注意事项。

二、我国主要少数民族生活习俗和禁忌

1. 藏族

藏族主要聚居于西藏自治区以及青海、甘肃、四川、云南等省的自治州、自治县。

藏族在迎接宾客时除用手蘸酒弹三下外，还要在五谷斗里抓一点青稞，向空中抛撒三次。用羊肉待客，以羊脊骨下部带尾巴的一块肉为贵，要敬给最尊敬的宾客。

藏族迎亲送友，要相互敬献哈达，以表示敬意。献哈达是藏族待客规格最高的一种礼仪，表示对宾客热烈的欢迎和诚挚的敬意。献给尊长或贵宾，必须低首躬腰将哈达举过头顶。献给平民或下属，则只要将哈达搭在对方脖颈即可。大部分藏族日食三餐，绝大部分藏族以糌粑为主食，即把青稞炒熟磨成细粉。藏族过去很少食用蔬菜，副食以牛、羊肉为主，猪肉次之。藏族的节日主要有雪顿节、望果节、林卡节、洗澡节和藏历年。

2. 维吾尔族

维吾尔族主要聚居在新疆维吾尔自治区，少量生活在湖南桃源、常德等地。

维吾尔族人讲究礼貌，维吾尔族的见面礼很特别，在路上遇到长辈或朋友，习惯把右手按在胸部中央，然后身体向前倾 30°，并连说“撒拉买里孔木（您好）”。维吾尔族待客很热情，他们用其非常喜爱的手抓饭招待宾客。抓饭，维吾尔族称“颇罗”，吃的时候，把饭盛在大盘里，用手抓着吃，味道非常香。

维吾尔族是一个能歌善舞的民族。他们的舞蹈轻巧、优美，以旋转快速和多变著称，反映了维吾尔族人乐观开朗的性格。维吾尔族以农业为主兼营牧业，有经商传统，同时传统手工业十分发达，而且具有较高的艺术水平，维吾尔族的节日主要有肉孜节、古尔邦节等。

3. 蒙古族

蒙古族主要聚居于内蒙古自治区和新疆、甘肃、青海、黑龙江、吉林等省区的蒙古族自治州和自治县。

蒙古族住蒙古包，以牛、羊肉及奶食为主，男女老少都善骑马。蒙古族热情好客，讲究礼俗。到蒙古族人家里做客必须敬重主人。进入蒙古包后，要盘腿围着炉灶坐在地毡上，但炉西面是主人的居处，主人不上坐时不得随便坐。主人敬上的奶茶，宾客通常是要喝的，不喝有失礼貌。

蒙古族牧民视绵羊为生活的保证、财富的源泉。日食三餐，每餐都离不开奶与肉。蒙古族的肉类主要是牛肉、绵羊肉，在日常饮食中与红食、白食占有同样重要位置的是蒙古族特有食品——炒米。蒙古族每天离不开茶，除饮红茶外，几乎都有饮奶茶的习惯，蒙古族的奶茶有时还要加黄油或奶皮子或炒米等，其味芳香、咸爽可口，是含有多种营养成分的滋补饮料。蒙古族去参加各种喜庆宴会和庆典仪式，都要佩戴彩饰头戴，穿上节日的盛装，尽量打扮得庄重典雅。蒙古族最有特色的节日是“那达慕”大会。“那达慕”在蒙语中是娱乐、游戏的意思。

4. 回族

回族分布在我国两千多个县市中，几乎所有省市县都有。主要集中在宁夏回族自治区和甘肃、河南、青海、新疆、云南、山东等省区，形成了大分散、小聚居的分布特点。

回族重视人的外表，认为外表可以影响内心，衣服是外表的重要内容，讲究清洁卫生就必须从衣服着手。沐浴是回族最重要的风俗之一，也是重要的道德要求。回族的沐浴，可分为大净和小净。回族婚姻常常只限于本民族内部，西北的回族通常只与同信仰伊斯兰教的东乡、保安、撒拉等民族通婚。回族视鸽子为和平的象征，在有条件的回族家中，几乎都畜养鸽子。在所有家禽中，回族最喜爱的也要数鸽子了。穆斯林把鸽子看作是和平、吉祥的动物，忌杀鸽子。回族也忌讳随便乱打蜘蛛，屋内出现蜘蛛，或有了蜘蛛网，只是将其轻轻扫出屋外。回族有三大传统节日：开斋节、古尔邦节、圣纪节。

5. 壮族

壮族是我国少数民族中人口最多的民族，其中90%以上聚居在广西壮族自治区，其余分布在云南文山、湖南江华、广东连山和贵州从江等地。

壮族喜食腌制酸食，多数地区的壮族习惯于日食三餐，有少数地区的壮族也吃四餐，大米、玉米是壮族地区盛产的粮食，自然成为他们的主食。壮族对任何禽畜肉都不禁吃，如猪肉、牛肉、羊肉、鸡、鸭、鹅等，有些地区还酷爱吃狗肉。猪肉也是整块先煮，后切成一手见方肉块，回锅加调料即成。壮族人习惯将新鲜的鸡、鸭、鱼和蔬菜制成七八成熟，菜在热锅中稍煸炒后即出锅，可以保持菜的鲜味。壮族的主要节日有歌圩节、牛魂节等。

6. 满族

满族主要分布在东北三省，其余散居于内蒙古、河北、新疆、宁夏、甘肃等省区，是一个在中国历史上有较大影响的民族。

满族人孝敬长辈，注重礼节，在路上遇见长辈，要侧身微躬，垂手致敬，等长辈走过再行；过春节时要拜两次年，年三十晚上拜一次，为辞旧岁，年初一再拜一次，叫迎新春。

满族民间农忙时日食三餐，农闲时日食两餐。满族人爱吃小米、黄米干饭和黄饽饽（豆包）。每逢过节要吃“哎占格饽饺子”，除夕吃晚饭时要吃“手扒肉”，另外，满族还有一些食品独具风味，如白煮猪肉、炙猪肉和糕点“萨其马”等。满族人的里屋有三铺炕，西炕为贵，北炕为大，南炕为小。家里的长辈住北炕，晚辈睡南炕，来了宾客住西炕。

7. 土家族

土家族主要分布在湖南、湖北、重庆、贵州四省交界区。

土家族住吊脚楼、穿自织自纺的“溪布”“洞布”，喜酸爱辣，善于饮酒，土家织锦和摆手舞扬名中外。土家族结婚时的哭嫁很有特色。婚前半个月就开始哭，不仅新娘哭、母亲哭、姐妹哭、同村陪哭的女子也哭，哭得越凶越好，哭得越伤心越好。进入洞房后，有抢床的风俗，新郎新娘谁先坐在床沿中央，谁就会成为一家之主。土家族最有代表性的节日是赶年。土家人喜食酸辣，土家人大都有做“干菜”的习惯。

8. 苗族

苗族古称“三苗”“南蛮”，相传是蚩尤的后代，主要分布在贵州省境内，一部分散居在湖南、四川、云南、广西、湖北、海南等省区。呈现大杂居、小聚居的分布特点。

苗族住“吊脚楼”或“杈杈屋”，喜饮酒，喜食酸辣味，喜穿花戴银。银饰工艺品、蜡染、织锦享誉国内外。苗族恋爱婚姻比较自由，他们恋爱的方式比较独特。苗族节日丰富，主要有龙船节、赶秋节、赶歌节、吃新节、芦笙节、爬坡节、八月八、苗年等。农历正月十六日至二十日，贵州凯里县和黄平县要举行盛大的芦笙节。饮食以大米为主食，辅以玉米、红薯。腊肉、腌鱼为苗家待客佳品。靖州、绥宁、城步苗族喜吃油茶，油茶咸、苦、辛、甘、香五味俱全，饭前解渴充饥，晚上提神养精，热天消暑解热，冬天祛湿祛寒，也是迎宾待客的佳品。苗族饮酒的嗜好十分普遍。

9. 彝族

彝族是古羌人南下的一支与西南土著部落不断融合而形成的民族，主要分布在四川梁山彝族自治州、云南楚雄彝族自治州和红河哈尼族彝族自治州等地。

彝族住低矮、无窗的木结构房，喜吃坨坨肉、转转酒，男子喜欢扎“英雄结”，女子喜欢包黑色头帕，男女出门都喜欢穿缀以长穗的长披风。彝族实行一夫一妻父系小家庭制。彝族传统的丧葬方式是火葬。彝族的传统节日主要有过彝年和火把节。彝族生活中的主要食物，大部分地区是玉米，次为荞麦、大米、土豆、小麦和燕麦等。肉食主要有牛肉、猪肉、羊肉、鸡肉等，喜欢切成大块大块（拳头大小）煮食，汉族称之为“坨坨肉”。大、小凉山及大部分彝族禁食狗肉，不食马肉及蛙、蛇之类的肉。彝族喜食酸、辣，嗜酒，有以酒待客的礼节。酒为解决各类纠纷，结交朋友，婚丧嫁娶等各种场合中必不可少之物。

三、服务心理

1. 宾客的心理需求分析

（1）宾客的心理需求。在前厅服务的过程中要了解宾客的喜忧爱好，要把宾客在酒店的一次消费变成一次难忘的经历，把与宾客交往的每一个触点变成以情服务的亮点，以超值服务，让宾客带着满意与惊喜离开，以期赢得回头客，增加宾客的回头率和忠诚度。宾客的心理需求一般有以下几个方面：

1）卫生安全。

2）舒适畅快。

3）方便快捷。

4）物有所值。

5）得到尊重。

（2）宾客类型及需求特点。前厅服务员需要与各种类型的宾客打交道，如果具备了察言观色的能力，就能迅速从宾客的举止、谈吐、神态中判断出宾客的情绪与要求，然后根据宾客的特征提供针对性服务。

1）商务型宾客。商务型宾客具有良好的教育背景、较高的文化素质和优秀的自身修养。无论是对酒店的硬件还是对软件方面都有更高的要求。商务型宾客喜欢稳重、典雅的房间布置，乐于接受个性化服务和定制化服务，更希望受到别人的尊重。商务型宾客需要高效率的服务和注重时效性。商务型宾客本身经济实力都很强，喜欢酒店的多样化的产品服务，他们将酒店的区位和商务设施水平作为选择酒店的首要指标，其他选择因素依次是酒店的服务质量、酒店的知名度、酒店的价格、酒店的特色及酒店的娱乐设施多样性。

2）娱乐型宾客。娱乐型宾客包括前来旅游探亲度假的散客及团队宾客。他们希望居住环境优美的房间，住店期间希望能品尝当地的风味佳肴，希望了解当地的风土人情，希望购买当地的土特产及手工艺纪念品。娱乐型宾客选择酒店是出于旅游、休养、度假、运动等目的，宾客在酒店停留的时间较长，对酒店娱乐设施的需求较高。散客旅游度假具有灵活、自由的特点，能够充分表现人的个性，在度假活动中可以享受充分的自由，可以自由地选择度假的时间、方式，并根据自己的兴趣、爱好选择度假项目和活动内容等，从而实现不受任何限制和拘束的彻底的放松。

（3）宾客的个性心理。个性是指一个人具有一定的倾向性和相对稳定性的各种心理特点总和。在前厅服务中会遇到各种各样的宾客，研究和掌握其不同的心理，因人而异，采取不同的服务举措，可使不同宾客对服务都感到满意。

1）脾气暴躁的宾客。这类宾客稍有不如意就会投诉。面对这类宾客，前台接待在工作中，不但要注意自己的表情、动作、言语甚至说话的声音，而且要考虑到他们入住、退房时的习惯。如果像对待家人那样体贴、主动，为他们提供富有人性化的服务，相信他们不会动辄投诉的。

2）性格温和的宾客。这类宾客不爱多说话，在听完服务员的介绍后，不立即作出反应，喜怒不形于色，面部毫无表情。服务员要沉住气，切不可着急地征求宾客意见，即使征询意见，也只能提一次，决不可催问再三，以免引起宾客反感。服务员要按程序办，态度既严肃，又要礼貌，展示不卑不亢的态度。

3）挑剔的宾客。这类宾客心细，善于观察，好较真儿；对服务细节反应敏感，挑毛病不留情面；还爱算计，唯恐吃亏上当。服务员要十分小心谨慎，注意每一个环节的严谨周密，尽可能地避免出现失误。如有差错出现，或宾客"鸡蛋里挑骨头"，要表现出有错必改，无错注意的诚意，切忌与宾客争辩，免得节外生枝，出现不应有的冲突。

4）无理取闹的宾客。这类宾客心高气傲，不知道尊重别人，不拘小节，行为粗俗不文明。尤其是酒后情绪易冲动，稍不如意，轻则呵斥，重则口出不逊。服务员要镇静，以礼相待，小心对待。万一发生不愉快，要受辱而不怒，忍为上策，用妙语婉言缓解矛盾，切不可与宾客讲"理"，遇到这样的宾客，有理也讲不清。

5）慷慨的宾客。这类宾客显大方，重义气，讲排场，顾面子，出手阔绰。有种自高自大感，认为自己是世界上最伟大的人，总认为自己所做的都是对的，当服务这类宾客时，最好是顺其意见，遵照他们的话去做，不要与他们争论。

2. 服务心理策略

（1）宾客与酒店员工的关系。由于宾客与酒店员工各自在社会与经济中的角色特征不同，宾客与酒店员工就存在着丰富的多元关系，这些关系也从不同的角度丰富地阐释了酒店对宾客应当承担的责任。

1）服务与被服务关系。作为消费者，宾客到酒店所要购买的是酒店的服务产品，他不仅为得到这一服务产品对酒店进行了成本补偿，而且还为酒店利润的获得奠定了基础。在酒店服务中强调"宾客永远是对的"，强调的是当宾客对酒店的服务方式、服务内容发生误会或对酒店员工的服务提出意见时，酒店员工首先应站在宾客的立场上看问题，从理解宾客、尽量让宾客满意的角度来解决问题。另外，强调宾客总是对的，主要是指酒店员工处理问题的态度要委婉，富有艺术性，当错误确实是在宾客一方，或宾客确实是对酒店员工的服务发生了误会时，酒店员工应当通过巧妙的处理，使宾客的自尊心得到维护。

2）宾客与主人的关系。相对于宾客来说，酒店就是主人，但酒店这个概念是非常抽象的，酒店的建筑物不可能被视为主人；酒店经营者、管理者虽然是酒店的法人代表、实际的投资者和最高的决策者，但在酒店服务中，他们一般并不直接出面，而只是负责一些重大事件的决策和处理工作。因此，在实际工作中宾客便会把在酒店为他们提供服务的员工视为酒店的当然主人。宾客来到酒店消费，相对于酒店来讲，宾客就是酒店要接待的宾客，宾客是酒店服务的对象。因此酒店员工和宾客之间就是主人和宾客的关系。

3）朋友与朋友的关系。宾客在入住酒店的过程中，酒店前厅服务员应当认识到自己在酒店所扮演的重要角色，而不能把自己当作一个普通的员工。酒店的任何一名员工都是酒店形象的代表，酒店员工对待宾客的一言一行都代表着酒店的管理水平、全体酒店员工的素质、酒店的整体服务水平。酒店与宾客双方通过相互间的理解与合作，一段时间的相处，很容易在彼此之间留下较为深刻的印象，容易结下友谊。宾客不仅是酒店的消费者，也是酒店的朋友，酒店的新、老朋友多了，酒店的经营就有了非常坚实的基础。

（2）满足宾客的需求。准确地把握宾客的需要才能策划出受宾客欢迎的服务。不断了解宾客的需要，用于改进服务，才能使服务组织具有生命力。宾客需求是服务工作者首先要确立的方向和目标，也是企业经营成功的根本保证。在服务的过程中，员工要做到：1）细心地观察；2）无微不至地关注；3）情绪的关注；4）给予自由的空间；5）个性化的服务；6）亲情般的服务。

（3）注意服务用语。语言是酒店员工与宾客建立良好关系、留下深刻印象的重要工具和途径。语言不仅是交际、表达的工具，它本身还反映、传达酒店的企业文化、员工的精神状态等辅助信息。酒店员工在表达时，要注意语气的自然流畅、和蔼可亲，在语速上保持匀速，任何时候都要心平气和，礼貌有加。酒店服务员应戒的三种忌语：1）不礼貌的语言；2）不友好的语言；3）不耐烦的语言。

3. 酒店员工心理知识

（1）酒店员工心理问题的主要表现：1）缺少团队合作的精神；2）缺乏事业心；3）不遵守酒店的规章制度；4）缺乏沟通能力；5）缺乏学习精神。

（2）酒店员工产生心理问题的原因分析：1）对酒店的工作性质认识不够；2）员工个人性格问题；3）不现实的期望。

（3）酒店员工心理问题的管理：1）进行人本化管理；2）企业文化建设；3）对员工加强激励。

四、前厅服务质量

1. 前厅服务质量的内涵和特征

（1）前厅服务质量的内涵。酒店前厅部是酒店服务的窗口。作为给宾客留下最初及最后印象的服务部门，员工的精神面貌、工作能力、服务技巧及服务态度等因素都直接影响着整个酒店的经济效益和社会效益。前厅部作为酒店的窗口，直接代表了整个酒店的形象。前厅服务质量的内涵包括两个层次：

1）前厅服务质量是一个过程质量。“过程”可以定义为一系列组织活动，这些活动结合在一起，产生出对宾客有价值的结果。在这个过程中，前厅部要不断完善服务的整个过程的流畅和完美，使宾客在进入酒店的过程中，体会到前厅服务整个过程的完美性，进而实现满足宾客物质和精神需要的目的。

2）前厅服务质量是一个全面质量。由于宾客来到酒店，他会涉及一个前厅部的多个岗位、部门或领域，所以还必须用全面的观点来理解酒店质量。宾客从一开始接触酒店总机，然后预订客房，到宾客来到酒店，到总台登记。遇到迎宾员在门口迎接，行李员帮助拎行李。在住店期间，宾客还会到商务中心。在宾客住酒店过程中，会接触前厅所有的岗点，因此前厅服务质量是一个全面质量。

（2）前厅服务质量的特征：1）具有口碑效应；2）具有波动性；3）质量评价具有主观性。

2. 提升前厅服务质量管理的意义

（1）降低了经营成本。

（2）提高了宾客的满意度。

3. 提升前厅服务质量的措施

（1）强化酒店全员服务意识。

（2）努力提高员工素质。

（3）坚持多样化与个性化服务：

1）一站式服务。

2）贴心服务。

3）微笑服务，耐心沟通。

4. 服务质量的检查和控制

（1）前厅服务质量信息系统。要提高前厅服务质量，管理人员必须认真听取宾客、竞争对手和内部员工等方面的意见。建立服务质量信息系统。任何成功酒店的产品都有一整套完善的产品质量信息反馈系统，利用反馈信息，不断改善自身产品。酒店产品也同样需要反馈质量信息，对存在的服务缺陷进行针对性的培训。通常酒店采用以下服务质量的调查方法：1）宾客满意度调查；2）明察暗访；3）专题座谈会；4）宾客投诉档案；5）员工意见反馈；6）经营数据记录系统。

（2）前厅部服务质量控制

1）质量管理网络构成。一般来说，前厅服务质量管理网络由四级检查层次构成，分别为：

①酒店服务质量领导小组，主要从全局上把握；

②质检部的稽查小组，这是质量检测的主要职能部门，从制度的制定到实施及反馈等各环节进行具体操作和运营；

③前厅部经理、主管组成的部门质检小组；

④基层质检，这是酒店质量检查的最后一关，当场发现问题当场解决，以便把服务质量问题减小到最低程度。

2）前厅部检查的方式。前厅部检查有例行检查、抽查、专项检查三种方式。

①例行检查。按照既定的时间、内容和标准对前厅部进行全方位质量检查。例行检查必须以前厅部质量标准为依据。例行检查必须坚持经常化、制度化，要严格按标准检查，检查要认真细致，发现问题要及时记录并责令有关岗点解决。

②抽查。事前不做任何通知的检查，抽查一般不像例行检查那么正规，它以检查人员少、内容重点突出、手法灵活多变为特点。

③专项检查。专项检查是针对某个具体的服务内容进行的检查活动。包括按专题检查和根据特殊需要检查。

辅导练习题

一、判断题（下列判断正确的请在括号内打“√”，错误的请在括号内打“×”）

1. 礼仪是社会、道德、习俗、宗教等方面人们行为的规范，它是人们文明程度和道德修养的一种外在表现形式。（　　）

2. 礼仪的国际性主要源于共同的经济生活和文化生活。（　　）

3. 对一个社会来说，礼仪是一个国家社会文明程度、道德风尚和生活习惯的反映。（　　）

4. 仪表是指人的外表，它包括容貌、姿态、风度以及个人卫生等方面。（　　）

5. 仪容在某种程度上也是仪表所包括的内容，泛指人的外观、外貌。（　　）

6. 前厅服务员的正确走姿是上体正直，抬头，两臂自然摆动，行走轻而稳。（　　）

7. 前厅服务员的正确走姿是将手插在裤兜里，显得有风度。（　）

8. 沟通与交流是人与人之间交换意见、观点、情况或情感的过程，这一过程是通过语言和非语言行为来完成的。（　）

9. 前厅服务员接听电话时讲的第一句话应是问候语。（　）

10. 酒店常用的道歉用语有“对不起，让您久等了”。（　）

11. 文明礼貌能反映一个国家精神文明和民族文化修养。（　）

12. “礼”具有继承性而不具有共同性。（　）

13. 礼貌可以分为礼貌行动和礼貌语言两部分。（　）

14. 礼仪是礼貌的具体表现，是礼貌在仪表、仪容、仪态及语言、行为等方面的具体要求。（　）

15. 礼节是表示敬意而举行的隆重仪式。（　）

16. 服务员的内在美，应该是心灵美的自然流露，是一个人良好道德品质的外在表现。（　）

17. 修养是指个人在政治、思想、道德品质和知识技能等方面，经过长期锻炼和培养所达到的一定水平。（　）

18. 广泛摄取科学文化知识，使自己见多识广、知识丰富也是培养礼貌修养的方法和途径。（　）

19. 酒店员工上岗前，必须做好仪表仪容的充分准备，讲究服饰、仪容卫生并注重化妆。（　）

20. 注重仪表仪容是讲究礼貌礼节的一种具体表现，与尊重宾客没有直接关系。（　）

21. 手势语言一般情况下是不易产生误会的。（　）

22. 谈话时，首先要了解对方身份，内容事先要有准备，以便谈话得体，有针对性。（　）

23. 礼貌礼节贯穿于酒店接待服务的全过程，并不是指宾客进店到离店的始终。（　）

24. 员工的胸牌戴在右胸前，位置统一。（　）

25. 蒙古族人不吃一切动物的血。（　）

26. 大部分满族日食三餐，绝大部分满族以糌粑为主食，即把青稞炒熟磨成细粉。（　）

27. 藏族主要聚居于西藏自治区以及青海、甘肃、四川、云南等省的自治州、自治县。（　）

28. 苗族的节日主要有雪顿节、望果节、林卡节、洗澡节和藏历年。（　）

29. 藏族忌打“神鹰”“神牛”“神羊”。（　）

30. 土家族人有忌酒的习俗。（　）

31. 献哈达是维吾尔族待客规格最高的一种礼仪，表示对宾客热烈的欢迎和诚挚的敬意。（　）

32. 维吾尔族主要聚居在新疆维吾尔自治区，少数生活在湖南桃源、常德等地。（　）

33. 苗族的见面礼很特别，在路上遇到长辈或朋友，习惯把右手按在胸部中央，然后身体向前倾 30°。（　）

34. 蒙古族主要聚居于内蒙古自治区和新疆、甘肃、青海、黑龙江、吉林等省区的蒙古族自治州和自治县。（　）

35. 蒙古族住蒙古包，以牛、羊肉及奶食为主，男女老少都善骑马。（　）

36. 献哈达、递鼻烟壶、装烟、请安是彝族的四种日常礼节。（　）

37. 土家族的主人敬上的奶茶，宾客通常是要喝的，不喝有失礼貌；主人请吃奶制品，宾客不要拒绝，否则会伤主人的心。（　）

38. 蒙古族原来信仰原始宗教萨满教，后改为信仰藏传佛教——喇嘛教。（　）

39. 回族分布在我国两千多个县市中，几乎所有省市县都有。（　）

40. 沐浴是壮族最重要的风俗之一，也是重要的道德要求。（　）

41. 回族的沐浴，可分为大净和小净。（　）

42. 壮族信仰伊斯兰教，信徒被称为穆斯林。（　）

43. 一般说来，对奇形怪状、污秽不洁、爪利锋锐和性情凶恶的飞禽、猛兽及鱼类，回族都禁食。（　）

44. 满族禁拜多神、偶像。信仰真主是满族信仰的核心和基础，除此，不能有其他神或类似真主之神的存在。（　）

45. 壮族 90%以上聚居在广西壮族自治区，其余分布在云南文山、湖南江华、广东连山和贵州从江等地。（　）

46. 蒙古族喜食腌制酸食，部分蒙古族人民住干栏房子。（　）

47. 回族的主要节日有歌圩节、牛魂节等。（　）

48. 满族主要分布在东北三省，其余散居于内蒙古、河北、新疆、宁夏、甘肃等省、自治区。（　）

49. 苗族过春节时要拜两次年，年三十晚上拜一次，为辞旧岁，年初一再拜一次，叫迎新春。（　）

50. 土家族主要分布在湖南、湖北、重庆、贵州四省交界区。（　）

51. 苗族古称“三苗”“南蛮”，相传是蚩尤的后代，主要分布在贵州省境内，一部分散居在湖南、四川、云南、广西、湖北、海南等省区。（　）

52. 彝族是古羌人南下的一支与西南土著部落不断融合而形成的民族，主要分布在四川梁山彝族自治州、云南楚雄彝族自治州和红河哈尼族彝族自治州等地。（　　）

53. 火把节是彝、白、纳西等民族以及佤、普米等民族的共同节日，也是彝族最盛大的传统节日。（　　）

54. 日本是世界上海岸线最长的国家之一。（　　）

55. 日本人忌讳绿色，认为绿色不祥。（　　）

56. 日本饮食最突出的特点是“咸”。（　　）

57. 日本传统的民族服装是和服。（　　）

58. 韩国为单一民族朝鲜族，通用朝鲜语。（　　）

59. 韩国端午节的传统习俗为点灯。（　　）

60. 韩国人接受物品均用双手，接受礼品通常当面打开。（　　）

61. 新加坡是以“花园城市”享誉世界的国家。（　　）

62. 马来西亚的穆斯林要过两个重要的宗教节日，即肉孜节和古尔邦节。（　　）

63. 马来西亚是不禁酒的。（　　）

64. 在公共场合，马来西亚人的衣着不得露出胳膊和腿部。（　　）

65. 英语是泰国的国语。（　　）

66. 泰国有“红衣国”之称。（　　）

67. 泰国人认为白象是圣物和佛的化身。（　　）

68. 法国被称为“欧洲的走廊”。（　　）

69. 英国人忌蝙蝠做图案的商品和包装。（　　）

70. 加拿大是“枫叶之国”。（　　）

71. 美国是世界上海岸线最长的国家。（　　）

72. 加拿大是世界上人口密度最小的国家之一。（　　）

73. 美国人喜欢谈论个人私事，如年龄、婚姻状况等。（　　）

74. 德国人在所有花卉之中，对矢车菊最为推崇，并且选定其为国花。（　　）

75. 一个健全的酒店员工不但要拥有健康的体魄，而且应该具有健康的心理。（　　）

76. 每一位宾客都希望他们在酒店的消费物有所值。（　　）

77. 宾客希望酒店员工尊重自己的生活习惯、个人隐私、信仰等。（　　）

78. 员工激励的方法不包括竞争激励。（　　）

79. 娱乐型宾客的住房不仅是休息睡觉的场所，而且还是工作学习的地方，因此要求房内隔音良好，光线充足，备有写字台与直拨电话。（　　）

80. 商务型宾客希望酒店能介绍娱乐场所的特点、当地餐饮的经营特色、天气预报，还

能为他们提供交通的建议。（　　）

81. 个性是指一个人具有一定的倾向性和相对稳定性的各种心理特点总和。（　　）

82. 对于脾气暴躁的宾客，前台接待在工作中，必须注意自己的表情、动作、言语甚至说话的声音。（　　）

83. 对于性格温和的宾客，接待人员要更热心地为他们服务，哪怕就是一句客套的话、一声温馨的祝福与问候。（　　）

84. 对于挑剔的宾客，要多留意宾客的脸部表情，善于揣摩宾客的心理，并根据其心情来提供服务。（　　）

85. 对于无理取闹的宾客，服务员要镇静，以礼相待，小心对待。（　　）

86. 对于慷慨的宾客，最好是顺其意见，遵照他们的话去做，不要与他们争论。（　　）

87. 人本化管理要求酒店要创造和谐的管理环境与组织氛围。（　　）

88. 企业文化是组织中多数成员所共同遵循的基本信念、价值标准和行为规范。（　　）

89. 酒店是否贯彻公平竞争，直接关系到能否留住人才。（　　）

90. 前厅服务质量是一个全面质量。（　　）

91. 前厅服务质量不是一个过程质量。（　　）

92. 前厅服务质量具有口碑效应。（　　）

93. 酒店服务质量受人为因素影响不大。（　　）

94. 服务质量的稳定性决定了服务质量控制的难度。（　　）

95. 优秀的服务是检查出来的，不是优秀员工创造出来的。（　　）

96. 宾客是否满意不是衡量酒店服务质量好坏的唯一标准。（　　）

二、单项选择题（下列每题有4个选项，其中只有1个是正确的，请将其代号填写在横线空白处）

1. 礼仪的________是指礼仪形成本身是个动态发展过程，是在风俗和传统变化中形成的行为规范。

A. 沿袭性　　B. 国际性

C. 时代性　　D. 动态性

2. ________不是礼仪的基本原则。

A. 真诚　　B. 遵守

C. 自律　　D. 平等

3. 礼的本质是________，有敬重、友好、谦恭、关心、体贴别人之意。

A. 诚　　B. 情

C. 思想　　D. 意识

4. 能体现时代风尚与道德水准和人们的文化层次、文明程度的是________。

A. 礼节　　B. 礼貌

C. 礼仪　　D. 仪容

5. ________是礼貌的具体表现。

A. 礼节　　B. 礼仪

C. 礼教　　D. 礼物

6. 不属于文明接待、礼貌服务原则内容的是________。

A. 以客为主，尊重他人　　B. 一视同仁，真诚关心

C. 严守纪律，照章办事　　D. 得理也得让人

7. 加强________是使酒店员工真正做到文明接待、礼貌服务的前提。

A. 真诚公道　　B. 团结合作精神

C. 信誉第一　　D. 礼貌修养

8. ________是礼貌修养的根本。

A. 勇于实践　　B. 努力学习理论

C. 提高素质　　D. 加强培训

9. ________是人际交往的一种外在的表现方式，它是气质方面的表露。

A. 风度　　B. 仪态

C. 姿态　　D. 行为

10. 站立服务是酒店员工的基本功之一，主要有________种站姿。

A. 2　　B. 3

C. 4　　D. 5

11. 不属于酒店微笑服务内容的是________。

A. 微笑是酒店员工自身的需要　　B. 微笑是酒店的需要

C. 微笑是宾客感情的需要　　D. 微笑是酒店效益的需要

12. 下列对仪态的要求说法正确的是________。

A. 仪态的要求包括站立服务、微笑服务、敬语服务、真诚服务

B. 仪态的要求包括礼仪服务、敬语服务、真诚服务、微笑服务

C. 仪态的要求包括礼貌服务、敬语服务、真诚服务、微笑服务

D. 仪态的要求包括微笑服务、站立服务、耐心服务、真诚服务

13. 手势在不同国家或地区有不同的含义，如伸出一只手，将食指和拇指搭成圆圈，即“OK”。在________则被认为是一句无声而恶毒的骂人话。

A. 美国　　B. 日本

C. 巴西　　D. 马耳他

14. ________是以人的德才学识为基础的，是内在美的流露。

A. 礼貌修养　　B. 言谈举止

C. 服务态度　　D. 工作作风

15. ________是个人对现实的稳定的态度和习惯化了的行为方式。

A. 文化修养　　B. 个性

C. 态度　　D. 性格

16. 在酒店服务中，使用________是对服务员的基本要求。

A. 语言交际　　B. 礼貌用语

C. 感情　　D. 情绪

17. 前厅服务员应具有________的性格。

A. 内向　　B. 外向

C. 含蓄　　D. 爽朗

18. ________不属于前厅服务员应具备的基本技能。

A. 语言交际能力　　B. 业务操作技能

C. 知识面　　D. 外语水平

19. 语言，特别是________，是提供优质服务的前提条件。

A. 外语　　B. 普通话

C. 服务用语　　D. 问候语

20. “得理也得让人”是要求服务员要学会________别人。

A. 尊重　　B. 关心

C. 宽容　　D. 饶恕

21. 西装是一种________服饰。

A. 地方性　　B. 民主性

C. 区域性　　D. 国际性

22. 对酒店员工坐姿的要求是坐得端正、稳重、自然、亲切，给人一种________感。

A. 优美　　B. 满意

C. 舒适　　D. 大方

23. 当宾客与宾客交谈时，服务员________。

A. 可随意插话　　B. 不可随意插话

C. 可趋前旁听　　D. 可以打断宾客谈话

24. 礼仪的作用有几个方面，其中不包括________。

A. 协调人与人之间的关系　　B. 维护社会的正常秩序

C. 教化人们的行为　　D. 增强社会的稳定性

25. 前厅服务中仪表仪容的重要性不包括________。

A. 是树立酒店良好形象的前提和基础

B. 是尊重宾客的需要

C. 反映了酒店的管理水平和服务质量

D. 增加酒店的经营业绩

26. ________不是前厅服务员的正确站姿。

A. 双脚与肩同宽，自然分开

B. 身体不倚不靠，双眼平视前方

C. 身体重心在双脚之间

D. 将双手插在裤兜里，显得有风度

27. 前厅服务员正确的坐姿是________。

A. 身体向后靠在椅子背上　　B. 双脚并拢，双手相抱

C. 坐在椅子2/3的位置　　D. 坐在椅子边沿

28. 下列不符合前厅服务员仪容仪表规范要求的是________。

A. 服装熨烫平整　　B. 衣物洁净无油渍

C. 在右胸处佩戴胸牌　　D. 袜口不外露

29. ________不符合前厅服务员在上岗时的仪容仪表规范要求。

A. 女员工化淡妆

B. 发型美观大方

C. 按季节不同和个人的喜好着装

D. 佩戴结婚戒指

30. 为吸引宾客注意力，下列做法不恰当的是________。

A. 行为举止大方、得体，表情和善

B. 将头发染成黄、红双色

C. 佩戴印有本酒店吉祥物的徽章

D. 保持良好的仪表、仪容，并注重细节

31. ________不是沟通的意义。

A. 传递信息　　B. 激励员工

C. 增强自信　　D. 表达情感

32. ________不是有效沟通的技巧。

A. 拓展知识面　　B. 提高语言技巧

C. 学会积极倾听　　D. 运用有效的体态语言

33. 作为酒店前厅服务员应当注意语言表达的技巧，下列做法不恰当的是________。

A. 巧妙得体

B. 注意文化背景的差异

C. 注意委婉灵活

D. 主动询问宾客的家庭情况，增进与宾客的关系

34. 前厅服务员在对客服务中，要注意使用语言技巧，下列做法不恰当的是________。

A. 运用适当的幽默语言

B. 用第三人的缺陷和宾客开玩笑

C. 在一定程度上可以附和宾客的观点

D. 学会以柔克刚，避开宾客的激烈言辞

35. 不符合电话接听服务礼仪要求的是________。

A. 使宾客获得满意的心理感受

B. 使用规范服务用语

C. 礼貌回答宾客问题

D. 用当地的方言应答宾客提出的问题

36. "很高兴为您服务"是电话接听服务规范用语中的________。

A. 问候语　　B. 询问语

C. 应答语　　D. 致谢语

37. ________是电话规范服务用语中的应答语。

A. 请问先生贵姓　　B. 春节快乐

C. 谢谢，请您多提宝贵意见　　D. 请问您什么时候退房

38. 下列内容不符合电话礼貌用语的是________。

A. 新年好

B. 对不起，让您久等了

C. 非常感谢您的意见

D. 请问你们什么时候来取行李，我要下班了

39. 在前厅服务工作中，我们所说的"提供有针对性的服务"是指通过________与宾客进行沟通。

A. 体态　　B. 表情

C. 肢体语言　　D. 环境语言

40. 在介绍酒店产品时，主要使用的语言沟通技巧是________。

A. 交换式　　B. 讨论式

C. 提问式　　D. 陈述式

41. 在聆听宾客讲述要求时，下列做法不恰当的是________。

A. 对于逆耳的言语要学会忍耐

B. 为清除口腔异味，边嚼口香糖，边听宾客讲述

C. 不插话

D. 不急于纠正宾客的错误观点

42. 前厅服务员的仪态包括工作中的________。

A. 站姿、坐姿、走姿　　B. 面部表情、举止

C. 语气、音调　　D. 以上都是

43. 在沟通过程的要素中，不代表沟通功能的是________。

A. 停滞　　B. 解码

C. 编码　　D. 媒介

44. 下列关于有效沟通关键的说法错误的是________。

A. 明确信息的传递对象　　B. 使用有效媒介传输信息

C. 建立健全反馈渠道　　D. 尽量使用复杂的编码

45. 前厅服务员在听取宾客意见时，身体前倾，眼神关注讲话者，这体现出服务员通过________与宾客进行沟通。

A. 体态　　B. 表情

C. 语言　　D. 环境语言

46. ________人用羊肉待客，以羊脊骨下部带尾巴的一块肉为贵，要敬给最尊敬的宾客。

A. 藏族　　B. 苗族

C. 维吾尔族　　D. 回族

47. ________人在迎接宾客时除用手蘸酒弹三下外，还要在五谷斗里抓一点青稞，向空中抛撒三次。

A. 回族　　B. 苗族

C. 维吾尔族　　D. 藏族

48. 回族人忌吃________。

A. 鸡肉　　B. 牛肉

C. 猪肉　　D. 羊肉

49. 回族人不吃________。

A. 甜品　　B. 辣椒

C. 芥末　　D. 一切动物的血

50. 回族人信奉________。

A. 道教　　B. 佛教

C. 喇嘛教　　D. 伊斯兰教

51. 维吾尔族的节日主要有________。

A. 那达慕　　B. 洗澡节

C. 雪顿节　　D. 古尔邦节

52. 在斋月期间招待信仰伊斯兰教的宾客时，宴请只能在________进行。

A. 日落后　　B. 上午

C. 中午　　D. 下午

53. 维吾尔族用其非常喜爱的手抓饭招待宾客。抓饭，他们称________。

A. 颇罗　　B. 糌粑

C. 黏米　　D. 撒拉

54. ________能歌善舞，他们的舞蹈轻巧、优美，以旋转快速和多变著称，反映了他们乐观开朗的性格。

A. 蒙古族　　B. 维吾尔族

C. 满族　　D. 土家族

55. 藏族节日有________。

A. 雪顿节　　B. 古尔邦节

C. 洗澡节　　D. 开斋节

56. ________人视绵羊为生活的保证、财富的源泉。日食三餐，每餐都离不开奶与肉。

A. 蒙古族　　B. 维吾尔族

C. 满族　　D. 土家族

57. 蒙古族每天离不开茶，除饮红茶外，几乎都有饮________的习惯。

A. 牛奶　　B. 绿茶

C. 奶茶　　D. 果茶

58. 蒙古族最有特色的节日是________，在蒙语中是娱乐、游戏的意思。

A. 古尔邦节　　B. 开斋节

C. 上元节　　D. “那达慕”大会

59. 回族视________为和平的象征，在有条件的回族家中，几乎都畜养。

A. 鸽子　　B. 孔雀

C. 布谷鸟　　D. 喜鹊

60. 回族也忌讳随便乱打________，屋内出现，只是将其轻轻扫出屋外。

A. 蜘蛛　　B. 蟑螂

C. 跳蚤　　D. 老鼠

61. 回族的一些重要的习俗禁忌中，多表现出浓厚的________色彩。

A. 伊斯兰文化　　B. 基督教文化

C. 佛教文化　　D. 宗教文化

62. ________是我国少数民族中人口最多的民族。

A. 壮族　　B. 维吾尔族

C. 满族　　D. 土家族

63. ________对任何禽畜肉都不禁吃，如猪肉、牛肉、羊肉、鸡、鸭、鹅等，有些地区还酷爱吃狗肉。

A. 壮族　　B. 维吾尔族

C. 蒙古族　　D. 苗族

64. 满族人孝敬长辈，注重礼节，亲友相见，除握手互敬问候外，有的还行________。

A. 贴面礼　　B. 碰鼻子礼

C. 抱腰接面礼　　D. 接吻礼

65. 满族的________历史悠久，清代即成为宫廷主食。

A. 饽饽　　B. 面皮

C. 小米　　D. 花卷

66. 满族主要分布在________。

A. 东北三省　　B. 云南

C. 广西　　D. 湖南

67. 满族以________为贵。

A. 东　　B. 西

C. 南　　D. 北

68. 满族敬________，不杀、不吃。

A. 猪　　B. 牛

C. 狗　　D. 羊

69. 土家族住________。

A. 吊脚楼　　B. 蒙古包

C. 干栏房子　　D. 土楼

70. 土家织锦和________扬名中外。

A. 摆手舞　　B. 孔雀舞

C. 蒙古舞　　D. 骑马舞

71. 土家族结婚时的________很有特色。

A. 坐福　　B. 那达慕

C. 相亲　　D. 哭嫁

72. 土家族最有代表性的节日是________。

A. 赶年　　B. 上元节

C. 牛魂节　　D. 火把节

73. 彝族喜吃坨坨肉、________。

A. 干菜　　B. 饽饽

C. 转转酒　　D. 馒头

74. 关于日本人的主要社交习俗，下列说法错误的是________。

A. 日本人大多信奉神道和佛教　　B. 日本人忌讳绿色

C. 喜欢赠送和摆设荷花或荷花图案　　D. 待人接物常用自谦语

75. 关于法国人的主要社交习俗，下列说法错误的是________。

A. 重视正餐，一般晚餐丰盛　　B. 喜欢喝葡萄酒

C. 喜欢黄色的花　　D. 忌送香水给一般的女人

76. 关于加拿大人的主要社交习俗，下列说法正确的是________。

A. 喜欢别人赠送白色的百合花　　B. 通行握手礼

C. 爱吃各种动物内脏　　D. 大部分人信仰伊斯兰教

77. 关于马来西亚人的主要社交习俗，下列说法错误的是________。

A. 忌讳数字“0”　　B. 忌用猪皮制品

C. 忌吃猪肉　　D. 爱吃狗肉

78. 关于日本人的主要社交习俗，下列说法正确的是________。

A. 日本人最喜欢的数字是“4”　　B. 日本人忌讳的颜色是黑色

C. 喜欢赠送和摆设荷花或荷花图案　　D. 待人接物常用自谦语

79. 关于韩国人的主要社交习俗，下列说法正确的是________。

A. 韩国人的风俗习惯与日本人相同　　B. 韩国人忌讳数字“6”

C. 韩国用餐时喜欢热闹，边吃边谈　　D. 女性通常只行鞠躬礼

80. 关于美国人的主要社交习俗，下列说法错误的是________。

A. 美国人饮食忌油腻

B. 美国人忌讳数字“13”

C. 美国人忌谈个人私事，如年龄、婚姻状况等

D. 喜欢吃动物内脏

81. 关于英国人的主要社交习俗，下列说法正确的是________。

A. 喜欢数字“13”　　B. 喜欢大房间并有单独住的习惯

C. 喜欢百合花　　D. 忌讳鹰的图案

82. 关于俄罗斯人的主要社交习俗，下列说法错误的是________。

A. 不吃木耳　　B. 爱吃海蜇

C. 不吃海参　　D. 对妇女忌讳问年龄

83. 关于非洲人的主要社交习俗，下列说法错误的是________。

A. 通行接吻礼

B. 对于穆斯林，千万不要用左手递东西给他们

C. 爱吃动物内脏

D. 忌讳吃猪肉

84. 关于拉丁美洲人的主要社交习俗，下列说法错误的是________。

A. 都爱喝烈酒　　B. 大多数人信奉天主教

C. 爱喝咖啡　　D. 习惯喝红茶

85. 关于泰国人的主要社交习俗，下列说法错误的是________。

A. 喜好吃辣味食品　　B. 忌讳当面议论佛

C. 忌讳别人随便触摸自己的头部　　D. 爱用红笔签字

86. 关于马来西亚人的主要社交习俗，下列说法正确的是________。

A. 忌讳数字“0”　　B. 忌讳数字“10”

C. 忌讳数字“9”　　D. 忌讳数字“11”

87. 关于加拿大人的主要社交习俗，下列说法正确的是________。

A. 喜欢别人赠送菊花　　B. 通行接吻礼

C. 不爱吃各种动物内脏　　D. 大部分人信仰佛教

88. 关于美国人的主要社交习俗，下列说法正确的是________。

A. 美国人饮食忌清淡

B. 美国人忌讳数字“3”

C. 美国人喜欢谈个人私事，如年龄、婚姻状况等

D. 不喜欢吃动物内脏

89. 关于德国人的主要社交习俗，下列说法错误的是________。

A. 在交往中时间观念强，约会准时

B. 喜欢送玫瑰花

C. 喜好喝啤酒

D. 忌讳茶色

90. 关于意大利人的主要社交习俗，下列说法错误的是________。

A. 喜欢菊花　　B. 爱喝葡萄酒

C. 大多数人信奉天主教　　D. 爱吃海鲜

91. 美国人的节日主要有________。

A. 感恩节　　B. 啤酒节

C. 鸡鸣节　　D. 水灯节

92. 马来西亚人的国教是________。

A. 伊斯兰教　　B. 基督教

C. 天主教　　D. 印度教

93. 英国人讨厌________，认为它是祸鸟。

A. 孔雀　　B. 燕子

C. 喜鹊　　D. 百灵

94. 德国人多属日耳曼族，饮食上爱好________。

A. “大块吃肉，大口喝酒”　　B. 饮食清淡

C. 辛辣食品　　D. 风格多样化

95. 日本人喜爱________，认为这是长寿的象征。

A. 孔雀　　B. 仙鹤

C. 猫　　D. 大象

96. 新加坡的节庆有________。

A. 开斋节　　B. 成人节

C. 雪顿节　　D. 古尔邦节

97. 泰国人的节庆有________。

A. 水灯节　　B. 成人节

C. 大宝森节　　D. 食品节

98. 泰国人忌讳________。

A. 红色　　B. 褐色

C. 绿色　　D. 黄色

99. 法国人的节庆有________。

A. 水灯节　　B. 成人节

C. 帝王节　　D. 开斋节

100. 德国人的国花是________。

A. 玫瑰　　B. 蔷薇

C. 矢车菊　　D. 风信子

101. 加拿大人的节庆有________。

A. 加拿大日　　B. 成人节

C. 帝王节　　D. 肉孜节

102. 产生员工心理问题的原因有几个方面，其中不包括________。

A. 对酒店的工作性质认识不够　　B. 员工个人的性格问题

C. 不现实的期望　　D. 缺乏学习精神

103. ________不是员工心理疲劳的表现。

A. 注意力不集中　　B. 兴趣减退

C. 体力下降　　D. 易怒

104. 下列关于酒店员工工作效能下降的说法正确的是________。

A. 工作效能随时间的延长而一直加强

B. 工作效能随时间的延长而一直减弱

C. 工作效能与时间长短无关

D. 工作效能随时间的延长而起伏变化

105. 下列关于马斯洛需求层次论的表述错误的是________。

A. 只有当低层次的需求得到满足后才会产生高层次的需求

B. 高层次的需求包括受人尊重的需求

C. 人最基本的需求是生理需求

D. 社会需求是人类最高层次的需求

106. 对于那些对酒店的服务和设施很迷惑的宾客，服务员最适宜使用________方法来消除宾客的心理紧张。

A. 请宾客先到休息处稍作休息　　B. 等待时机再向宾客推销

C. 主动引领宾客，介绍相关情况　　D. P—P人际交流法

107. 消费者希望所购买和使用的商品获得一定社会意义的体现，这种消费需求主要是指________。

A. 对商品基本功能的需求　　B. 对商品社会象征性的需求

C. 对商品质量功能的需求　　D. 对商品情感功能的需求

108. 消费者希望购买和使用的商品卫生清洁，不危害身体健康，这种消费需求是________。

A. 对商品附加功能的需求　　B. 对商品安全性能的需求

C. 对商品成本功能的需求　　D. 对商品情感功能的需求

109. ________不是情绪的表现形式之一。

A. 长期性　　B. 情景性

C. 不稳定性　　D. 冲动性

110. 商务型宾客将________作为选择酒店的首要指标。

A. 酒店的区位和商务设施水平　　B. 酒店的服务质量

C. 酒店的知名度　　D. 酒店的特色及酒店的娱乐设施多样性

111. 宾客之所以购买某种酒店产品的主要原因是________。

A. 可以满足其某种需求或偏好，而且具有支付能力

B. 边际效用的增加

C. 很有钱，不在乎产品的价格

D. 别人也在购买

112. 我国酒店星级评定标准中对无障碍通道作了明确规定，这反映出我们的服务要符合某些特殊群体的________需求。

A. 情感　　B. 生理

C. 心理　　D. 物质

113. 高限报价指的是________。

A. 一种暴利　　B. 买卖双方共同确定的价格

C. 买方确定的最高期望价格　　D. 卖方确定的最高期望价格

114. 幅度报价的特点是________。

A. 只设定商品价格的下限　　B. 只设定商品价格的上限

C. 设定商品价格的上、下限　　D. 由买卖双方任意浮动的价格

115. 求疵报价指的是________。

A. 卖方故意制造出商品的瑕疵

B. 因产品本身的缺陷，而低价出售

C. 因为买方故意搞破坏，造成产品贱卖

D. 宾客采用挑剔的方法提出部分真实、部分夸大的意见，以此降低卖方提出的价格

116. ________不是消费者试购行为的主要心理因素。

A. 缺乏消费经验　　B. 心存疑虑

C. 为了减少购买风险　　D. 为了面子，仿效其他人的购买选择

117. ________是酒店推销人员在交易过程中充当顾问的角色，增强宾客购买和决策的信心。

A. 真实性原则　　B. 灵活性原则

C. 鼓动性原则　　D. 适当夸大性原则

118. 在促成客房销售的过程中，直接询问法不适用于________。

A. 持有订房证常来入住的宾客　　B. 宾客听完介绍后有异议的情况

C. 常客　　D. 明确发出成交信号的宾客

119. 在促成客房销售的过程中，假定成交法不适用于________。

A. 对价格不敏感的随和性宾客　　B. 固定客户

C. 依赖性宾客　　D. 不熟悉的散客

120. 推销人员利用一定的言语技巧刺激客户的自尊心，使宾客在逆反心理作用下完成交易的推销技巧和方法是________。

A. 把握成交法　　B. 利益引诱法

C. 激将成交法　　D. 心理暗示法

121. 对员工心理问题的管理可以从以下几个方面入手，其中不包括________。

A. 加强业务培训　　B. 进行人本化管理

C. 企业文化建设　　D. 对员工加强激励

122. 根据马斯洛需求层次论，人类需求中最低层次的需求是________需求。

A. 生理　　B. 安全

C. 社交　　D. 自我实现

123. 酒店宾客的心理需求有以下几点，其中不包括________。

A. 卫生安全　　B. 舒适畅快

C. 方便快捷　　D. 价格低廉

124. 商务型宾客的需求是________。

A. 需要高效率的服务和注重时效性

B. 希望购买当地的土特产及手工艺纪念品

C. 希望了解当地的风土人情

D. 能品尝当地的风味佳肴

125. 娱乐型宾客的需求是________。

A. 希望酒店有较完善的会议设施、宴请场所以及康乐健身场地

B. 希望购买当地的土特产及手工艺纪念品

C. 需要高效率的服务和注重时效性

D. 要求房内隔音良好，光线充足，备有写字台与直拨电话

126. 酒店满足宾客的需求应做到以下几点，其中不包括________。

A. 无微不至地关注　　B. 亲情般的服务

C. 给予自由的空间　　D. 对宾客有求必应

127. 酒店前厅服务质量的特征有以下几点，其中不包括________。

A. 具有口碑效应　　B. 具有波动性

C. 质量评价具有主观性　　D. 具有差异性

128. 提升酒店前厅服务质量必须做好以下几个环节的工作，其中不包括________。

A. 给予员工自由空间　　B. 坚持多样化与个性化服务

C. 努力提高员工素质　　D. 强化酒店全员服务意识

129. 在酒店中，服务和管理过程中的“事故易发期”一般出现在________。

A. 上午　　B. 下午

C. 即将下班前　　D. 午夜左右

130. 酒店采用很多方法来调查服务质量，其中不包括________。

A. 明察暗访　　B. 宾客满意度调查

C. 宾客投诉档案　　D. 数理分析法

三、多项选择题（下列每题中的多个选项中，至少有2个是正确的，请将正确答案的代号填在横线空白处）

1. 礼仪的特点是________。

A. 沿袭性　　B. 国际性

C. 时代性　　D. 稳定性

2. 礼仪的基本原则是________。

A. 敬人　　B. 遵守

C. 自律　　D. 适度

3. 礼仪的作用是________。

A. 约束人们的行为　　B. 教化人们的行为

C. 调节人际关系　　D. 增加人们的安全感

4. 酒店员工注重仪表仪容的重要性________。

A. 是树立酒店良好形象的前提和基础　B. 是尊重宾客的需要

C. 反映了酒店的管理水平和服务质量　D. 是增强前厅服务员自信心的有效手段

5. 酒店员工仪表仪容的原则是________。

A. 注重个人卫生整洁　B. 讲究规范性

C. 强调和谐统一美　D. 注重培养个人修养

6. 酒店员工在运用手势时，应注意以下几点________。

A. 在引路、指示方向等时，应注意手指自然并拢，掌心向上，以肘关节为支点，指示目标，切忌伸出食指来指点

B. 通过手势，可以表达介绍、引领、请、再见等多种含义。手势一定要柔和，但也不能拖泥带水

C. 在电梯引导宾客乘坐电梯时，接待人员先进入电梯，等宾客进入后关闭电梯门，到达时，接待人员按“开”的按钮，让宾客先走出电梯

D. 在客厅里引导时，当宾客走入客厅，接待人员用手指示，请宾客坐下，看到宾客坐下后，才能行点头礼后离开

7. 酒店的服饰要符合________等特征。

A. 整洁实用　B. 多样统一

C. 和谐含蓄　D. 颜色式样统一

8. 沟通的意义在于________。

A. 传递信息　B. 激励员工

C. 表达情感　D. 增加效益

9. 有效沟通的技巧是________。

A. 提高语言技巧　B. 学会积极倾听

C. 运用有效的体态语言　D. 注重礼仪

10. 接听电话的礼仪是________。

A. 及时接听　B. 问好并自报家门

C. 认真接听　D. 使用礼貌用语

11. 拨打电话的礼仪是________。

A. 做好准备工作　B. 说明意图

C. 注意语言　D. 友好结束通话

12. 拨打电话的语音语调的要求是________。

A. 音量适中　B. 声音有亲和力

C. 语调自然优美　D. 发音清晰

13. 藏族的禁忌主要有________。

A. 忌杀生　　B. 忌吃狗肉、驴肉

C. 不得跨越火盆、法器　　D. 忌凶年凶岁出门

14. 维吾尔族的禁忌主要有________。

A. 不吃鸽肉、马肉、骆驼肉

B. 忌讳用鼻子嗅食物

C. 洗完就甩手是一种忌讳，因为脏水会四溅，很不卫生

D. 不能用筷子敲打发出声音

15. 蒙古族的禁忌主要有________。

A. 接近蒙古包时要轻骑慢行

B. 进入蒙古包时要将马鞭放在门外

C. 进门要从左边进，坐在主人的右边，脚不能向内伸开

D. 如果在蒙古包门的左侧缚一条绳子，且一头埋在地下，说明蒙古包里有病人，主人不能待客

16. 回族的三大传统节日是________。

A. 开斋节　　B. 古尔邦节

C. 圣纪节　　D. 雪顿节

17. 回族的禁忌主要有________。

A. 忌食猪肉

B. 海中之鱼可以吃的必须是腹下有翅膀，身上有鳞，且脊有刺，有头尾的

C. 海豹、海狮等也在禁食范围之内

D. 还禁烟、酒、毒品

18. 壮族的禁忌主要有________。

A. 忌食牛肉、蛙肉　　B. 忌筷子跌落地上，忌把筷子插到碗里

C. 夜间行走忌吹口哨　　D. 忌坐门中间

19. 满族的禁忌主要有________。

A. 西炕上不准堆放杂物，也不许坐人

B. 忌青年人坐西炕，忌在西炕生孩子

C. 满族人也敬乌鸦，不许打骂乌鸦

D. 忌在索罗杆上拴牲口

20. 土家族的禁忌主要有________。

A. 大年三十吃年夜饭时小孩不许吃猪尾巴，以免长大后留下摇头的毛病

B. 过年期间不能说不吉利的话，大人不许打孩子

C. 正月初一到初六这几天不动刀叉，饭菜都是年前做好的

D. 初一至初六，农民不劳作，商家不营业，尤其是理发店不开张

21. 苗族的禁忌主要有________。

A. 忌食羊肉

B. 日落黄昏最忌吹口哨

C. 同辈男女都以兄弟姐妹相称，忌“姐夫”“妹夫”之称

D. 忌在灶上煮狗肉、蛇肉，忌刀口朝上、凶器指人

22. 彝族的禁忌主要有________。

A. 忌摸男子蓄积的一蓬头发　　B. 忌砍神树

C. 忌外人骑马入彝族村寨　　D. 忌外人观看宰家禽、家畜场面

23. 满族爱吃的食品有________。

A. 小米　　B. 黄米干饭

C. 黄饽饽　　D. 豆包

24. 满族爱吃的食品有________。

A. 白煮猪肉　　B. 炙猪肉

C. 糕点“萨其马”　　D. 小窝头

25. 苗族________享誉国内外。

A. 银饰工艺品　　B. 蜡染

C. 织锦　　D. 刺绣

26. 苗族的节日丰富，主要有________。

A. 龙船节　　B. 赶秋节

C. 赶歌节　　D. 芦笙节

27. 日本的主要节庆有________。

A. 成人节　　B. 樱花节

C. 新年　　D. 儿童节

28. 日本人的禁忌有________。

A. 忌“9”“4”等数字

B. 忌三人合影

C. 在吃饭时忌用同一双筷子给宴席上所有人夹取食物

D. 忌金眼睛的猫

29. 韩国人爱吃的食品有________。

A. 辣椒　　B. 鱼

C. 泡菜　　D. 烧烤

30. 韩国人的禁忌有________。

A. 忌讳"4"这个数字

B. 忌三人合影

C. 男子不要问女子的年龄、婚姻状况

D. 交接东西要用右手，而不能用左手

31. 新加坡人的禁忌有________。

A. 忌谈宗教与政治方面的问题　　B. 不能讲"恭喜发财"的话

C. 视紫色、黑色为不吉利　　D. 视黑、白、黄为禁忌色

32. 马来西亚人的禁忌有________。

A. 忌讳的数字是"0""4""13"　　B. 忌用黄色，不穿黄色衣服

C. 忌讳使用猪皮革制品　　D. 不能用左手为别人传递东西

33. 泰国人的禁忌有________。

A. 最忌人触摸头部　　B. 忌讳头向西方

C. 忌用红笔签名　　D. 忌用脚把东西踢给别人

34. 英国人的禁忌有________。

A. 忌讳数字"13""3"

B. 忌用打火机或火柴为他们点第三支烟

C. 忌用大象图案

D. 讨厌孔雀

35. 法国人的禁忌有________。

A. 忌黄色的花　　B. 忌墨绿色

C. 忌仙鹤图案　　D. 忌黑桃图案

36. 德国人的禁忌有________。

A. 忌讳"13"

B. 生日不得提前祝贺

C. 不宜随意送人玫瑰或蔷薇

D. 不以褐色、白色、黑色的包装纸和彩带包装、捆扎礼品

37. 美国人的禁忌有________。

A. 忌"13""星期五"

B. 忌讳与穿着睡衣的人见面

C. 不提倡人际间交往送厚礼

D. 用一根火柴或打火机为美国人点烟时，切记不能连续点三个人

38. 加拿大人的禁忌有________。

A. 不喜欢黑色

B. 不喜欢紫色

C. 忌讳别人赠送白色的百合花

D. 用一根火柴或同一个打火机为加拿大人点烟时，切记不能连续点三个人

39. 澳大利亚人的禁忌有________。

A. 对兔子特别忌讳

B. 忌多谈个人宗教问题

C. 忌讳与穿着睡衣的人见面

D. 用一根火柴或同一个打火机为澳大利亚人点烟时，切记不能连续点三个人

40. 宾客与酒店员工的关系是________。

A. 服务与被服务的关系　　B. 宾客与主人的关系

C. 朋友与朋友的关系　　D. 领导和下级的关系

41. 在服务的过程中，要做到________。

A. 细心地观察　　B. 无微不至地关注

C. 提供个性化的服务　　D. 给予自由的空间

42. 在服务的过程中，细心地观察要做到________。

A. 善于观察宾客的外表　　B. 善于观察宾客的语言

C. 善于观察宾客的情绪　　D. 善于观察宾客的心理

43. 酒店服务员应戒的三种忌语是________。

A. 不礼貌的语言　　B. 不友好的语言

C. 不耐烦的语言　　D. 不流利的语言

44. 酒店员工心理问题的主要表现是________。

A. 缺少团队合作的精神　　B. 缺乏事业心

C. 不遵守酒店的规章制度　　D. 缺乏沟通能力

45. 酒店员工出现不健康心理的原因是________。

A. 对酒店的工作性质认识不够　　B. 员工个人性格问题

C. 不现实的期望　　D. 缺乏事业心

46. 酒店员工心理问题的管理可以从________方面着手。

A. 进行人本化管理　　B. 企业文化建设

C. 对员工加强激励　　D. 加工资

47. 提升前厅服务质量管理的意义是________。

A. 降低了经营成本　　B. 提高了宾客的满意度

C. 提高了住房率　　D. 降低了员工的满意度

48. 服务质量包含________。

A. 设备设施　　B. 服务水平

C. 实物产品　　D. 安全保卫

49. 坚持多样化与个性化服务要做到________。

A. 一站式服务　　B. 贴心服务

C. 微笑服务　　D. 耐心沟通

50. 前厅服务质量管理网络由______检查层次构成。

A. 酒店服务质量领导小组

B. 质检部的稽查小组

C. 前厅部经理、主管组成的部门质检小组

D. 基层质检

51. 前厅部检查的方式有________。

A. 例行检查　　B. 抽查

C. 专项检查　　D. 基层检查

参考答案及说明

一、判断题

1. √。这是礼仪的基本含义。

2. √。经济的共同性必然导致礼仪的变化。共同的文化涵育了共同的礼仪。礼仪的国际性表明社会中的规范和准则，必须得到全社会的认同，才能在全社会中通用。

3. √。礼仪代表一个国家、一个民族、一个地区的文化习俗特征。

4. √。这是仪表的基本含义。

5. √。这是仪容的基本含义。

6. √。服务员走路时需抬头挺胸，上身直立，双肩端平，两臂与双腿成反方向自然交替甩动，手指自然弯曲，身体中心略微前倾。

7. ×。前厅服务员行走动作连贯，从容稳健。不雅的步态会给人留下很不好的印象，如左右摇晃，弯腰驼背，左顾右盼，鞋底蹭地，将手插在裤兜里等。

8. √。这是沟通的基本含义。沟通是一切人际关系实现的前提，是建立人际关系的手段

和途径。

9. √。前厅服务员接打电话时要注意使用礼貌用语，不要用非正规的非专业化以及不礼貌的词语，多用敬语。

10. √。这是前厅服务员接听电话时应该使用的礼貌用语。

11. √。礼仪是人们文明程度和道德修养的一种外在表现形式。礼仪是现代文明的重要组成部分。

12. ×。“礼”具有继承性也具有共同性。

13. √。礼貌可以分为礼貌行动和礼貌语言两部分。

14. ×。礼仪是社会、道德、习俗、宗教等方面人们行为的规范，礼仪是现代文明的重要组成部分。它体现的宗旨是尊重，既是对人也是对己的尊重，这种尊重总是同人们的生活方式有机地、自然地、和谐地和毫不勉强地融合在一起，成为人们日常生活、工作中的行为规范。这种行为规范包含着个人的文明素养，也体现出人们的品行修养。

15. ×。

16. ×。

17. √。

18. √。

19. √。酒店员工上岗前，必须做好仪表仪容的充分准备，讲究服饰、仪容卫生并注重化妆。这是酒店员工仪表仪容的基本要求。

20. ×。注重仪表仪容是讲究礼貌礼节的一种具体表现，也是尊重宾客的一种具体表现。

21. ×。不同国家和不同地区的手势语言所包含的含义是不同的，因此手势语言有时容易产生误会。

22. √。这是谈话应该具备的基本礼仪。

23. ×。礼貌礼节贯穿于酒店接待服务的全过程，包括宾客进店到离店的始终。

24. ×。

25. ×。回族人不吃一切动物的血。

26. ×。大部分藏族日食三餐，绝大部分藏族以糌粑为主食，即把青稞炒熟磨成细粉。

27. √。

28. ×。藏族的节日主要有雪顿节、望果节、林卡节、洗澡节和藏历年。

29. √。

30. ×。土家族人善于饮酒。

31. ×。献哈达是藏族待客规格最高的一种礼仪，表示对宾客热烈的欢迎和诚挚的敬意。

32. √。

33.×。维吾尔族的见面礼很特别，在路上遇到长辈或朋友，习惯把右手按在胸部中央，然后身体向前倾 30°。

34.√。

35.√。

36.×。献哈达、递鼻烟壶、装烟、请安是蒙古族的四种日常礼节。

37.×。蒙古族的主人敬上的奶茶，宾客通常是要喝的，不喝有失礼貌；主人请吃奶制品，宾客不要拒绝，否则会伤主人的心。

38.√。

39.√。

40.×。沐浴是回族最重要的风俗之一，也是重要的道德要求。

41.√。

42.×。回族信仰伊斯兰教，信徒被称为穆斯林。

43.√。

44.×。回族禁拜多神、偶像。信仰真主是回族信仰的核心和基础，除此，不能有其他神或类似真主之神的存在。

45.√。

46.×。壮族喜食腌制酸食，部分壮民住干栏房子。

47.×。壮族的主要节日有歌圩节、牛魂节等。

48.√。

49.×。满族过春节时要拜两次年，年三十晚上拜一次，为辞旧岁，年初一再拜一次，叫迎新春。

50.√。

51.√。

52.√。

53.√。

54.√。日本位于亚洲东北部的太平洋上，是世界上海岸线最长的国家之一。

55.√。

56.×。日本饮食最突出的特点是“淡”。味道重在淡，尽量保持原味。

57.√。日本传统的民族服装是和服。在隆重的社交场合或节庆时他们会穿和服出席。

58.√。

59.×。自古以来，韩国端午节的传统习俗为女士荡秋千。

60.×。韩国人接受物品均用双手，接受礼品通常不当面打开。

61. √。新加坡位于东南亚马来半岛南端，面积较小，由新加坡岛及附近很多小岛组成，是一个风景秀丽、以“花园城市”享誉世界的国家。

62. ×。马来西亚的穆斯林要过两个重要的宗教节日，即开斋节和古尔邦节。

63. ×。马来西亚是禁酒的，因此在用餐时，不以酒来招待宾客。

64. √。

65. ×。泰语是泰国的国语。

66. ×。泰国人笃信佛教，佛教是国教，男子在年满 20 岁前都必须出家一次，时间为三个月，和尚穿黄衣，故泰国也有“黄衣国”之称。

67. √。

68. ×。德国位于欧洲的心脏地带，与 9 个国家毗邻，它是东西欧之间和斯堪的纳维亚与地中海地区之间的交通枢纽，其间水陆空条条道路经过德国，被称为“欧洲的走廊”。

69. ×。美国人忌蝙蝠做图案的商品和包装。

70. √。

71. ×。加拿大是世界上海岸线最长的国家。

72. ×。澳大利亚联邦由整个澳大利亚大陆和一些岛屿组成，占大洋洲陆地面积的绝大部分，位于印度洋和太平洋之间，西北面邻近东南亚，以热带、亚热带气候为主，境内多沙漠。人口 2 200 多万，是世界上人口密度最小的国家之一。

73. ×。美国人不喜欢谈论个人私事，如年龄、婚姻状况等。

74. √。

75. √。

76. √。

77. √。

78. ×。员工激励的方法包括竞争激励。酒店是否贯彻公平竞争，直接关系到能否留住人才。任人唯亲、任人唯势的做法最后只会使大批专业人才外流。提供公平竞争环境、实行竞争上岗制度、给有才有德的员工提供广阔的发展空间，才是当今酒店明智的用人之道。

79. ×。商务型宾客的住房不仅是休息睡觉的场所，而且还是工作学习的地方，因此要求房内隔音良好，光线充足，备有写字台与直拨电话。

80. ×。娱乐型宾客希望酒店能介绍娱乐场所的特点、当地餐饮的经营特色、天气预报，还能为他们提供交通的建议。

81. √。

82. √。对于脾气暴躁的宾客，前台接待在工作中，不但要注意自己的表情、动作、言语甚至说话的声音，而且要考虑到他们入住、退房时的习惯。

83. √。对于性格温和的宾客，接待人员要更热心地为他们服务，哪怕就是一句客套的话、一声温馨的祝福与问候。这类宾客不爱多说话，在听完服务员的介绍后，不立即作出反应，喜怒不形于色，面部毫无表情。服务员要沉住气，切不可着急地征求宾客意见，即使征询意见，也只能提一次，决不可催问再三，以免引起宾客反感。

84. √。对于挑剔的宾客，要多留意宾客的脸部表情，善于揣摩宾客的心理，并根据其心情来提供服务。这类宾客心细，善于观察，好较真儿；对服务细节反应敏感，挑毛病不留情面；还爱算计，唯恐吃亏上当。服务员要十分小心谨慎，注意每一个环节的严谨周密，尽可能地避免出现失误。

85. √。对于无理取闹的宾客，服务员要镇静，以礼相待，小心对待。这类宾客心高气傲，不知道尊重别人，不拘小节，行为粗俗不文明。尤其是酒后情绪易冲动，稍不如意，轻则呵斥，重则口出不逊。万一发生不愉快，要受辱而不怒，忍为上策，用妙语婉言缓解矛盾，切不可与宾客讲“理”，遇到这样的宾客，有理也讲不清。

86. √。对于慷慨的宾客，最好是顺其意见，遵照他们的话去做，不要与他们争论。这类宾客显大方，重义气，讲排场，顾面子，出手阔绰。有种自高自大感，认为自己是世界上最伟大的人，总认为自己所做的都是对的。

87. √。

88. √。

89. √。

90. √。

91. ×。

92. √。

93. ×。

94. ×。

95. ×。

96. ×。

二、单项选择题

1. A。礼仪在发展变化中，表现为一种继承和发展。礼仪一旦形成，就有一种相对独立性。现在的礼仪形式就是从昨天的历史中继承下来的，有不少优秀的还要继续传承下去；而那些不合时宜的则会逐渐被抛弃。礼仪的沿袭和继承是个不断扬弃的社会进步的过程。

2. D。礼仪的基本原则是敬人、遵守、自律、适度、真诚。

3. A。礼的本质是诚，有敬重、友好、谦恭、关心、体贴别人之意。

4. B。

5. A。

6. C。

7. D。

8. A。

9. A。

10. B。站立服务是酒店员工的基本功之一，主要有叉手站姿、背手站姿、背垂手站姿3种站姿。

11. B。

12. A。

13. D。手势在不同国家或地区有不同的含义，因此手势有时会让人误解。

14. A。

15. D。

16. B。

17. B。前厅服务员应具有外向的性格。外向的性格更适合与宾客沟通。

18. D。

19. C。

20. C。

21. D。

22. C。

23. B。当宾客与宾客交谈时，服务员随意插话是一种极不礼貌的行为。

24. D。

25. D。

26. D。前厅服务员行走动作连贯，从容稳健。不雅的步态会给人留下很不好的印象，如左右摇晃，弯腰驼背，左顾右盼，鞋底蹭地，将手插在裤兜里等。

27. C。

28. C。

29. C。前厅服务员上岗时应按规定着装，不能按季节不同和个人的喜好着装。

30. B。前厅服务员应保持良好的仪表、仪容，并注重细节，决不可打扮得怪异，如将头发染成黄、红双色。

31. C。

32. A。

33. D。酒店前厅服务员应当注意语言表达的技巧，切不可打听宾客的隐私，不能主动询问宾客的家庭情况。

34. B。

35. D。

36. C。

37. C。

38. D。

39. D。

40. D。

41. B。

42. D。

43. A。

44. D。

45. A。

46. A。

47. D。

48. C。

49. D。

50. D。

51. D。

52. A。

53. A。

54. B。

55. A。

56. A。

57. C。

58. D。

59. A。

60. A。

61. A。

62. A。

63. A。

64. C。

65. A。
66. A。
67. B。
68. C。
69. A。
70. A。
71. D。
72. A。
73. C。
74. C。
75. C。法国人不喜欢黄色的花，认为黄色象征不忠诚。
76. B。
77. D。
78. D。
79. D。
80. D。
81. B。
82. B。
83. C。
84. A。
85. D。
86. A。
87. C。
88. D。
89. B。
90. A。
91. A。
92. A。
93. A。
94. A。
95. B。
96. A。

97. A。

98. B。

99. C。

100. C。

101. A。

102. D。

103. C。

104. D。

105. D。

106. C。

107. B。

108. B。

109. B。

110. A。商务型宾客将酒店的区位和商务设施水平作为选择酒店的首要指标。其次考虑酒店的服务质量、酒店的知名度、酒店的特色及酒店的娱乐设施多样性。

111. A。

112. B。

113. D。

114. C。

115. D。

116. D。

117. C。

118. B。

119. D。

120. C。

121. A。

122. A。

123. D。

124. A。

125. B。

126. D。

127. D。

128. A。

129. C。

130. D。

三、多项选择题

1. ABC	2. ABCD	3. ABC	4. ABCD	5. ABCD
6. ABCD	7. ABC	8. ABC	9. ABC	10. ABCD
11. ABCD	12. ABCD	13. ABCD	14. ABCD	15. ABCD
16. ABC	17. ABCD	18. ABCD	19. ABCD	20. ABCD
21. ABCD	22. ABCD	23. ABCD	24. ABCD	25. ABC
26. ABCD	27. ABCD	28. ABCD	29. ABCD	30. ACD
31. ABCD	32. ABCD	33. ABCD	34. ABCD	35. ABCD
36. ABCD	37. ABCD	38. ABC	39. AB	40. ABC
41. ABCD	42. ABCD	43. ABC	44. ABCD	45. ABC
46. ABC	47. AB	48. ABCD	49. ABCD	50. ABCD
51. ABC				

第三章 计算机使用知识

考核要点

基础知识考核范围	考核要点	重要程度
计算机基础知识	1. 计算机在酒店中应用发展的过程和意义	了解
	2. 酒店管理信息系统的构成	了解
计算机网络基础知识	1. 计算机互联网对于酒店管理的意义	掌握
	2. 网络的主要应用	熟悉
	3. 酒店网站的建立	熟悉
	4. 网上订房的优势	掌握
	5. 预订网络系统	掌握
酒店前台系统操作基础知识	1. 前厅计算机管理系统	掌握
	2. 实时房态表	掌握
	3. 客房预订操作	掌握
	4. 入住登记操作	掌握
	5. 结账退房	掌握
	6. 客史管理	掌握

重点复习提示

一、计算机基础知识

1. 计算机在酒店中应用发展的过程和意义

（1）计算机应用的发展。电子计算机科学的飞速发展，给酒店计算机应用带来了蓬勃生机，计算机在酒店中的应用，已深入到酒店的各个部门，特别是在信息处理领域，计算机已成为最重要的工具。在酒店现代管理中，酒店管理信息系统已成为酒店现代科学管理的重要内容，是酒店经营必不可少的现代科学工具。由于计算机在酒店业中的成功应用，明显地提高了酒店业的经济效益、服务质量和工作效率，使酒店决策者全面了解营业情况，完善和改进酒店内部的管理体制。

到目前为止，酒店业中的计算机应用已经经历了以下几个阶段：

1）电算化阶段。早期酒店业计算机的应用，主要是对酒店运行过程中的人流、物流、资金流和信息流进行计算机的输入、存储、处理和输出，使员工可以利用系统来处理简单、琐碎、重复性的工作，这一阶段的信息化应用并没有从深层次上改变传统酒店业的内部管理流程，还停留于表层，仅仅是替代手工操作，远未达到彻底改变竞争方式和经营管理模式的要求。

2）自动化阶段。随着计算机在智能楼宇控制自动化和酒店设施设备管理监控的应用，酒店设备运行管理的自动化逐步走向高层次信息化应用，如从暖通系统监控、给排水系统监控、供配电与照明系统监控、火灾报警与消防联动控制等，发展成由中央管理站、各种 DDC 控制器及各类传感器、执行机构组成的能够完成多种控制及管理功能的智能化、自动化控制系统。

3）网络化阶段。以互联网和数字化为特征，网络化建设也成为酒店业整个信息化建设中的重要组成部分，于是以宽带接入线路，方便宾客在酒店内高速上网，还包括以下内容：在网上创建酒店网站可供客户浏览，进行互动式的数据查询和客户自助服务功能；市场销售、宣传推广、订房管理的功能；在这一阶段的应用重点是网络营销和网上实时订房业务。

4）集成化阶段。为充分实现信息共享和行业最佳业务规范，酒店业信息化步入了酒店流程再造的全新的集成化应用阶段。软件功能主要包括：宴会与销售管理、财务管理、人力资源管理、前台管理、餐饮管理工程设备管理、采购和仓储、客房服务、商业智能分析、远程数据库交换等几大模块，各个模块之间无缝集成，同时还与多种酒店智能自动化系统如门锁管理系统等有接口。

5）协同化阶段。进入互联网新经济时代，酒店信息化追求的新境界是在集成化基础上的协同化应用。酒店通过互联网搭建统一的信息应用平台，将客户、酒店、员工、供应商、合作伙伴等各方联结为一个整体，以实现纵览全局的跨行业、跨组织、跨地区的、实时在线的、端对端数据无缝交换的业务协同运作，其重点在于各方连为一体直接面向宾客提供个性化服务。

（2）酒店应用计算机的特点和要求

1）安全可靠性。可靠性是指计算机系统保证提供正确管理、决策和经营信息的能力。系统的安全性指的是系统设置安全保护措施，防止信息的泄露和破坏。可靠性主要防止系统产生不准确的信息，而安全性防止已生成的信息被泄露和破坏。可靠性要求计算机的硬件系统的质量高而且可靠，软件系统要求技术成熟。一个完善的酒店计算机管理系统涵盖了整个酒店运行的方方面面，计算机内存储的数据将是酒店管理的依据，因此系统的安全保密性极其重要。

2）实时性。酒店前台系统是一个实时系统，它一方面指的是要求响应时间极快，另一方面指的是整个运行环境是完全动态的。例如，账务收银系统，不仅同一模块，而且还有电话、预订、接待、餐饮、娱乐、房务中心等多个站点都有可能同时对相同宾客的账务进行处理，因此需要解决资源的竞争，操作时序的同步，死锁的预防和恢复等问题。同时，由于这种运行环境的动态性，一旦发生某个错误，也不易再重复，较难发现和排除。

3）功能性。酒店的计算机系统设计中，要从整个系统的角度考虑系统设计，系统的代码设计要合理，设计规范要标准，程序设计语言要一致，用户界面要统一，对系统的数据采集要做到数出一处、全局共享，使一次输入得到多次利用。一个好的系统设计首先必须保证系统功能的完整，这包括系统是否解决了用户所希望解决的问题，是否能够进行所需要的各种运算，能否提供符合用户需要的信息输出等。

（3）计算机应用对于酒店管理的意义

1）提高酒店的管理效益及经济效益。应用酒店管理系统通过节省大量的人力、物力，增加酒店的服务项目，提高酒店的服务档次，减少管理上的漏洞，从整体上提高酒店的经济效益。如完善的预订功能可防止有房不能租或满房重订的情况出现，可随时提供准确的房间使用和预订情况，从而提高客房出租率。宾客费用的直接记账，可有效防止逃账的发生。完善的分析功能可用于市场销售，如确定宣传的重点地区和如何掌握价格的浮动等。正确控制房价，控制宾客优惠，从而减少管理漏洞，提高客房收入。

2）提高服务质量。由于计算机处理信息的速度很快，可以大大减少宾客入住、结账的等候时间，提高对客服务质量。快速的宾客信息查询手段，使宾客得到满意的答复。餐费、电话费、洗衣费等费用的一次性结账，不仅方便了宾客，也提高了酒店的管理水平。回头客自动识别、黑名单宾客自动报警、VIP宾客鉴别等均有利于改善酒店的形象。清晰准确的账单、票据、表格，使宾客感到高档次的享受。完善的预订系统，使宾客的入住有充分的保证。

3）提高工作效率。计算机管理可大大提高业务运作的速度和准确性。如计算机的自动夜间稽核功能结束了手工报表的历史，计算机资料的正确保存避免了抄宾客名单的低效工作，严格的数据检查避免手工操作的疏忽而造成的错误，票据的传送、登记、整理、复核等一系列的繁重劳动也可大为减少。电话自动计费及开关控制，使话务员的工作只是接电话而已。

4）完善酒店内部管理体制。科学、正规、系统的酒店软件系统在酒店管理体系中还发挥着强有力的稳定作用，可明显地减少员工及管理人员的流动对酒店管理运作的不良影响。系统提供的多种安全级别，保证各类数据不被无权过问的人查阅和操作。每天的审核制度，各种费用的优惠控制，应收账款的管理，员工工作量的考核，员工操作过程的跟踪，均可加强酒店管理，使管理规范高效。

2. 酒店管理信息系统的构成

（1）计算机硬件

1）早期的单机系统。由一台主机、显示器、键盘、打印机等，再配备一定的软件组成，能完成一些简单的酒店业务，该结构目前已很少有人使用。

2）集中式处理结构。采用一台或两台小型计算机或超级微机作为主机，使用人员通过各终端与主机联系，进行各类数据处理作业。它的数据处理能力强，数据安全，可靠性高。缺点是终端本身没有处理能力，系统处理速度将随终端数量的增加而明显减慢，而且一般终端只有字符界面，用户界面不美观。因此在 20 世纪 70 年代到 80 年代末，是酒店最理想的结构。

3）分布式处理结构。以高档微机或小型机作为网络服务器，通过网络连接各个工作站，而各工作站都是一台独立的微机，本身具有数据处理的能力，需要时可联机入网在服务器内进行数据处理，是目前理想的体系结构。它结合了局部网络和集中式多用户系统的优点，由服务器和客户机协同处理，充分发挥系统的各种优越性，是目前酒店中最佳的体系结构。

（2）软件结构

一个酒店管理信息系统从使用者的角度看，软件结构就是酒店管理系统的功能结构。各种功能之间又有各种信息联系，这样就构成了一个有机结合的整体，形成一个完整的软件功能结构。因此，系统一般可分为前台（对客服务）和后台（内部管理）两大部分，另外还可包括对前、后台系统的功能补充的扩充系统（有的系统把扩充系统直接包含在前、后台系统中），以及各种各样的系统接口。事实上，酒店管理软件可以是一个覆盖整个酒店管理所有方面的非常庞大的系统。

（3）酒店管理软件系统

1）国外酒店管理软件系统：①Fidelio 酒店系统；②ECI（EECO）酒店系统；③HIS 酒店系统。

2）国内酒店管理软件系统：①杭州西软 Foxhis 酒店管理系统；②北京华仪酒店管理系统；③北京中软好泰 CSHIS 管理系统；④广州万迅千里马酒店管理系统；⑤北京泰能公司酒店信息系统。

二、计算机网络基础知识

1. 计算机互联网对于酒店管理的意义

（1）塑造酒店的企业形象。Intranet 是应用 Internet 技术建立起来的企业内部网络，通过将电子邮件、主页浏览等 Internet 技术与企业信息系统有机地结合在一起，向企业内部员工及与企业关系密切的供应商或客户提供灵活、综合的信息服务，从而塑造酒店的企业形象。它是酒店在互联网上的形象窗口，将酒店有关信息及时在网上公布，酒店的合作伙伴和旅游者可以直接通过网站了解酒店，并通过网站与酒店进行沟通、开展预订。

（2）用于拓宽酒店的销售渠道。传统酒店在宣传促销产品的过程中花费了大量金钱。通过印刷小册子、传单和各种印刷品，推出电视广告、约请代理商实地考察等方法进行促销，虽然有所收效，但费用惊人。互联网作为一种促销手段，能提供丰富的酒店资讯，提供全天候、全方位的服务，全面解决酒店产品促销的问题，易于导购和提供标准的合同制式文本，确保酒店产品和服务的品质与信誉。酒店只需在网页设计上花费少量费用，就可以将自己的产品宣传出去。而且，一旦内容发生变化和新的产品出台，只要在网上进行修改和添加即可，节省了大量的经费。

（3）满足宾客的需求。从宾客的角度来看，网络可以为其提供相对全面的有关酒店的资讯，为其旅游决策提供参考信息；旅游者还可通过电子邮件的形式，及时与有关酒店联系，提出自己的具体要求，从而得到满意的答复。这既减少了信息失真，又降低了产品成本，使酒店和旅游者双方获利。

2. 网络的主要应用

（1）信息浏览。WWW 通过超级文本标记语言组织文件，为所有浏览信息的用户提供了一种方便的获取信息的方式。超文本概念首先在 1974 年由美国计算机预言家 Ted Nelson 在他的书中提出。简而言之，电子超文本即为在单词或词组之间建立链接。当选中后，这些链接将你带到同一文档中相关的文本或另一个不同的文档。此后，超文本的概念被扩展到联合超媒体的概念，即可以与图形、视频或音频剪裁建立链接。

（2）电子邮件。电子邮件是 Internet 上最基础也是使用最多的一项服务，邮件以电子的形式在全球网上传送，因此速度很快，一封国际邮件可能在几秒钟完成传送。而且价格便宜，用普通的上网费用就可以完成国际邮件的发送。

（3）文件传送（FTP）。FTP 是文件传输协议的缩写，是 Internet 上最主要的一种文件传输手段。Internet 网上有许多公用的计算机，采用匿名 FTP 的方式，对所有用户提供文件下载服务。我们把这种用来做匿名 FTP 服务的计算机称作 FTP 服务器。每个连入 Internet 的用户，只要知道这些 FTP 服务器的地址，就可以与它们连接并获取其上的各种资源。FTP 可以给我们带来许多共享软件，给网络使用者提供了最大的便利。

（4）网际交谈。网际交谈在影响和改变着人们交友的方式，或者说提供了另一种交流的途径。网际交谈的原理是通过 TCP/IP 的协议，多个用户登录到一台远程服务器上，通过这台服务器交换信息。网际交谈为人们提供了一种崭新的交流方式，完全通过文字的交谈带来了另一种乐趣。而且网络取消了距离和其他外界限制，你既可以实时地与远在异国他乡的朋友交谈，也可和陌生人高谈阔论。

3. 酒店网站的建立

（1）酒店网站的主要信息

（2）酒店网站设计应体现特色

1）突出酒店的特点和风格。酒店 Internet 网站的设计首先要抓住酒店在全国同行业中特别是在本地同业中的突出特点，以增加浏览者的兴趣，挖掘潜在的客户；其次要突出酒店的性质和酒店的文化氛围。为了突出酒店的性质和文化特色，Internet 网站的设计要突出酒店的服务宗旨，突出酒店的服务特色和产品特点。

2）多语言版本，酒店作为旅游的一个重要载体，要接待不同国度和不同地区的宾客，因此酒店网站应当设计为多语言版本，这将大大提高酒店网站在国际上的影响力。

3）运用更多的新技术。

（3）做好网站的网络宣传工作

门户站点和各酒店分站点都应做好自己的网址宣传工作。互联网最大的特点就是信息流通的双向性和交互性，在进行广告宣传的同时还能够进行反馈信息的收集。据调查，网民看网上广告有 45％是因为广告有意思、好看；20％是因为广告有奖；20％是因为广告登在自己喜欢或信任的网站上；8％是因为广告发到了个人的电子信箱；还有 7％属于其他原因。因此，酒店在网络广告的发布上，要做好以下几个方面的工作：首先，要把能够吸引宾客的广告词以特殊的方式显示。例如可以把关于打折的信息以红色、特殊的字体放到广告词的最前面，以吸引宾客。在制作上要使广告精美、有趣，让受众愿意看。其次要在热门网站或访问率高的网站上登载，必要时可以在广告上设计游戏和有奖竞赛，提高广告的曝光率和受众的接受程度。

4. 网上订房的优势

（1）使宾客更加全面、快捷地了解酒店的信息。Internet 出现之前，酒店传统的订房方式通常为电话预订。世界各地的宾客选择了旅游目的地之后很难了解当地旅游酒店的状况，如当地酒店的数量、规模、星级、服务水平、预订情况等，这就给预订工作带来了很大的麻烦，即使是规模较大的旅行社获得上述信息的途径也非常有限，书籍、广告成为其主要的信息载体。然而书籍、广告作为信息载体有其不可避免的局限性。联入 Internet 的计算机就可在第一时间获得以上的信息，不仅为酒店争取到了宾客，也为宾客的预订提供了可供参考的资料。

（2）实现了酒店与宾客的双向沟通。Internet 信息流通的双向性和交互性是最重要的特性。人们通过书籍、广告或简介来了解酒店是非常被动的，即使宾客已经选择了要预订的酒店，还是要通过电话查询预订状况后再进行预订。如果酒店不能及时给宾客以答复，以后联系起来也十分不方便。有些宾客想给酒店提出一些建议，由于其看到的信息不是最新的，所以也变得不太可能。有了互联网，使以上的一切“行为”都变成了“一体化”。宾客可以查询了预订状况后，直接在网上填写预订表单和信用卡号，直接进行网上订房，这样做既方便又能为宾客节省国际电话的开支。

5. 预订网络系统

（1）专业预订组织系统。即指专门从事全球客房预订的专业公司，例如UTELL、SRS、SUMMIT等公司，都是国际著名的订房专业公司。这种公司具有很强的客源市场推销和竞争优势，突出表现在：1）网络覆盖面广；2）借助GDS扩大市场份额；3）市场定位准确。

（2）中央预订系统。CRS（Computer Reservation System），即中央预订系统，原指航空公司计算机预订中心。随着网络经济的发展，CRS已成为国际上很多著名酒店和集团在其成员酒店（连锁店）内运行的专业预订系统。

（3）专有预订系统。这是指酒店企业在互联网上自设网址和主页，进行自主营销。采用“网上待订”手段，可以突出企业自身特色，以个性化的企业形象和产品特色在全球自行推销。这一系统初期投入费用低，操作简便。

三、酒店前台系统操作基础知识

1. 前厅计算机管理系统

（1）前厅模块名称和模块组成

模块名称	模 块 组 成
预订模块	预订房态、网上预订、散客订房、团体订房、订房维护、宴会订餐会议预订、订房预留、团队日程、综合查询、客户档案管理
总台登记模块	开房房态、散客开房、团体开房、户籍登记、数据转换、修改房价、宾客续住、综合查询
总台收银模块	宾客预付、现金入账、冲账处理、退房结账、团体结账、交班审核、支票管理
客房管理模块	房态管理、房吧管理、洗衣管理、易耗品管理
总台问讯模块	综合查询、在店宾客、当日/当前房态、房态预览、旅游指南
电话计费模块	自动计费、话价管理、分机管理、权限设置
商务中心模块	账单录入、价格管理、交班稽核、接待夜核、账务预核、账务夜核
会员管理模块	入会登记、会员查询、日常处理、信息编码设定、会员卡初始化
总经理查询模块	信息查询功能、分析统计功能、决策模拟功能
酒店管理信息系统维护模块	权限管理、系统代码管理、系统初始化、数据后备、数据恢复
输出业务报表模块	预订报表、接待报表、客房日报、结账报表、餐饮报表、电话计费报表、夜核报表

（2）前厅各模块功能

1）预订模块。

2）总台登记模块。

3）总台收银模块。

4）客房管理模块。

5）总台问讯模块。

6）电话计费模块。

7）商务中心模块。

8）会员管理模块。

9）总经理查询模块。

10）酒店管理信息系统维护模块。

11）输出业务报表模块。

（3）实时房态表（Foxhis 酒店管理系统）

1）实时房态表—1：侧重点在于向操作员直观地展示宾客各方面的信息，如 VIP、留言、加床等。

2）实时房态表—2：也称平面房态表，特点是全面地反映整个客房的使用情况，对操作员来说，比较直观易懂。

3）实时房态表—3：按房号显示客房的使用情况。

4）实时房态表—4：用来显示酒店平面图的情况，一般根据酒店的实际进行设计定义。

2. 客房预订操作

（1）入住登记操作

1）预订转登记：相关接待员业务重点，预订转登记的情况是最为常见的。注意：预订转登记后，到店时间系统自动记录。

2）直接上门。

（2）结账退房

1）人民币现金结账。

2）信用卡结账。

（3）客史管理

档案是酒店关于宾客、公司、旅行社、订房中心、团队的信息汇总，包括基本信息、住店历史、当前预订、房价折扣等。

1）客户档案主窗口。

2）新建宾客档案。

辅导练习题

一、判断题（下列判断正确的请在括号内打“√”，错误的请在括号内打“×”）

1. 进入互联网新经济时代，酒店信息化追求的新境界是在集成化基础上的协同化应用。（　　）

2. 计算机的安全可靠性是指计算机系统保证提供正确管理、决策和经营信息的能力。（　　）

3. 酒店前厅部使用计算机技术管理，可以有效地提高工作效率和酒店的管理水平。（　　）

4. 对酒店来说，使用计算机管理系统，避免了可能出现的房况错误。（　　）

5. 国际互联网有利于提高酒店工作的时效性，大大提高了信息反馈速度，为酒店赢得了更多盈利的机会。（　　）

6. 网际交谈为人们提供了一种崭新的交流方式，完全通过文字的交谈带来了另一种乐趣。（　　）

7. 酒店网站信息包括酒店名称、简介、地理位置、联系方式（电话、传真、地址、电子邮件等）。（　　）

8. 酒店网站的设计首先要抓住酒店的突出特点，以增加浏览者的兴趣，挖掘潜在的客户。（　　）

9. 酒店的宣传应做好同各大知名网站或是访问率较高网站的链接工作，以提高网站的知名度。（　　）

10. 网络订房不仅为酒店争取到了宾客，也为宾客的预订提供了可供参考的资料。（　　）

11. 计算机房况控制功能可以反映客房的维修和占用状况。（　　）

12. 宾客留言功能是记录访客留言内容，控制客房内留言灯，留言转告宾客后删除记录。（　　）

13. 酒店使用计算机建立、管理客史档案，可以在未来向宾客提供有针对性的服务。（　　）

14. 计算机关机后至少间隔10秒钟再开机。（　　）

二、单项选择题（下列每题有4个选项，其中只有1个是正确的，请将其代号填写在横线空白处）

1. 到目前为止，酒店业中的计算机应用已经经历了________。

A. 电算化阶段—自动化阶段—网络化阶段—集成化阶段—协同化阶段

B. 自动化阶段—电算化阶段—网络化阶段—集成化阶段—协同化阶段

C. 电算化阶段—自动化阶段—协同化阶段—集成化阶段—网络化阶段

D. 自动化阶段—电算化阶段—集成化阶段—网络化阶段—协同化阶段

2. ________不是计算机的特点。

A. 安全可靠性　　B. 实时性

C. 功能性　　D. 节能性

3. 计算机技术的应用对前厅服务具有重要的意义，其中不包括________。

A. 提高工作效率　　B. 提高酒店的档次、规模

C. 提高服务质量　　D. 提高酒店的管理水平

4. 计算机互联网对于酒店管理具有重要的意义，其中不包括________。

A. 塑造酒店的企业形象　　B. 用于拓宽酒店的销售渠道

C. 满足宾客的需求　　D. 提高酒店的档次、规模

5. 网络的基本应用不包括________。

A. 信息浏览　　B. 电子邮件

C. 文件传送　　D. 行李寄存服务

6. 酒店的网站信息不包括________。

A. 酒店标志　　B. 酒店新闻动态

C. 常见问题解答　　D. 其他酒店的介绍

7. 酒店的网站设计要求不包括________。

A. 突出酒店的特点和风格　　B. 多语言版本

C. 常见问题解答　　D. 运用更多的新技术

8. 酒店在网络广告的发布上，应做好的工作不包括________。

A. 突出酒店的特点和风格

B. 要把能够吸引宾客的广告词以特殊的方式显示

C. 在制作上要使广告精美、有趣，让受众愿意看

D. 要在热门网站或访问率高的网站上登载

9. 网络订房的优势不包括________。

A. 使宾客更加全面、快捷地了解酒店的信息

B. 使宾客更加喜欢酒店

C. 实现了酒店与宾客的双向沟通

D. 为酒店争取到了更多的客源

10. 总台问讯模块的综合查询不包括________。

A. 订房单　　B. 宾客入住情况

C. 宾客离店情况　　D. 预付金的收取情况

11. 下列内容不属于计算机房况控制功能的是________。

A. 费用超限提示　　B. 显示待售房状况

C. VIP 宾客查询　　D. 日期查询

12. 下列内容不属于计算机预订模块功能的是________。

A. 显示动态房态　　B. 调整宾客房价和服务费

C. 预订锁房　　D. 客房预订

13. 计算机客史建档功能主要体现在________。

A. 自动生成住店宾客名单信息　　B. 客史显示

C. 历史同期汇总　　D. 自定义报表

三、多项选择题（下列每题中的多个选项中，至少有 2 个是正确的，请将正确答案的代号填在横线空白处）

1. 酒店管理信息系统的构成是________。

A. 计算机硬件　　B. 集中式处理结构

C. 分布式处理结构　　D. 软件结构

2. 国外酒店管理软件系统有________。

A. Fidelio 酒店系统　　B. ECI（EECO）酒店系统

C. HIS 酒店系统　　D. HIS 龙栈系统

3. 国内酒店管理软件系统有________。

A. 杭州西软 Foxhis 酒店管理系统　　B. 北京华仪酒店管理系统

C. 北京中软好泰 CSHIS 管理系统　　D. 北京泰能公司酒店信息系统

4. 全球客房预订网络系统主要有________。

A. 专业预订组织系统　　B. 中央预订系统

C. 专有预订系统　　D. 泰能预订系统

5. 商务中心模块包括________。

A. 价格管理　　B. 交班稽核

C. 接待夜核　　D. 账务预核

6. 会员管理模块包括________。

A. 会员查询　　B. 日常处理

C. 信息编码设定　　D. 会员卡初始化

参考答案及说明

一、判断题

1. √。
2. √。
3. √。
4. ×。对酒店来说，使用计算机管理系统，减少了可能出现的房况错误。
5. √。
6. √。
7. √。
8. √。
9. √。
10. √。
11. √。
12. √。
13. √。
14. ×。计算机关机后至少间隔5秒再开机。

二、单项选择题

1. A　2. D　3. B　4. D　5. D　6. D　7. C　8. A　9. B　10. D
11. B　12. B　13. B

三、多项选择题

1. ABCD　2. ABCD　3. ABCD　4. ABC　5. ABCD
6. ABCD

第四章　安全服务知识

考 核 要 点

基础知识考核范围	考核要点	重要程度
消防常识	1. 火灾的定义及分类	了解
	2. 灭火器的类型及适用范围、使用方法	了解
	3. 防火的基本措施	掌握
	4. 前厅部防火的措施	掌握
	5. 灭火的基本方法	掌握
	6. 报火警的方法和内容	掌握
	7. 发生火灾如何疏散	掌握
	8. 注意事项	掌握
公共场所卫生知识	1. 公共场所的概念与特点	掌握
	2. 《公共场所卫生管理条例》摘录	熟悉
	3. 公共场所的基本卫生要求	熟悉
	4. 公共场所卫生的自身管理	掌握
	5. 突发性事故的处理	掌握
	6. 传染性疾病的预防	掌握
安全操作知识	1. 大堂的安全	掌握
	2. 出入安全控制	掌握
	3. 钥匙的安全	掌握
	4. 电梯安全	掌握
	5. 住宿登记安全	掌握
	6. 行李安全控制	掌握
	7. 接待访客安全控制	掌握
突发事件应急处理	1. 突发暴力事件处理	掌握
	2. 自然死亡、患病、受伤宾客的应急措施	掌握
	3. 自然灾害应急措施	掌握
	4. 宾客报失处理	掌握
	5. 宾客遗留物品处理	掌握
	6. 停电事故处理	掌握

重点复习提示

一、消防常识

1. 火灾的定义及分类

（1）火灾的定义

1）火灾是指时间和空间失去控制的燃烧所造成的灾害。燃烧的产生必须同时具备三个条件：可燃物、助燃物和着火源。

2）助燃物是能够帮助和支持燃烧的物质。它包括：

①固体：木材、棉花、纸张、布匹等。

②液体：汽油、柴油等。

③气体：煤气、液化气及可燃金属。

3）着火源是能够引起可燃物质燃烧的热能源。如打火机、烟头、蜡烛头、电线短路等。

（2）火灾的分类

1）根据我国现行标准规定，按照火灾燃烧性质分，将火灾类型分为 A、B、C、D 四类。

①A 类火灾。A 类火灾是指固体火灾。这种物质往往具有有机物性质，一般在燃烧时能产生灼热的余烬，如木材、棉、毛、麻、纸张火灾等。

②B 类火灾。B 类火灾是指液体火灾和可熔化的固体物质火灾，如汽油、煤油、原油、甲醇、乙醇、沥青、石蜡火灾等。

③C 类火灾。C 类火灾是指气体火灾，如煤气、天然气、甲烷、乙烷、丙烷、氢气火灾等。

④D 类火灾。D 类火灾是指金属火灾，如钾、钠、镁、钛、锆、锂、铝镁合金火灾为等。

2）根据国家火灾统计管理规定，按照一次火灾事故所造成的人员伤亡、受灾户数和直接财产损失，把火灾危害等级划为特大火灾、重大火灾、一般火灾三类。

①特大火灾。具有下列情形之一的，为特大火灾：死亡 10 人以上（含本数，下同）；重伤 20 人以上；死亡、重伤 20 人以上；受灾 50 户以上；直接经济损失 100 万元以上。

② 重大火灾。具有下列情形之一的，为重大火灾：死亡 3 人以上；重伤 10 人以上；死亡、重伤 10 人以上；受灾 30 户以上；直接经济损失 30 万元以上。

③一般火灾。不具有前两项情形的火灾为一般火灾。

2. 灭火器的类型及适用范围、使用方法

(1) 灭火器的类型。按照充装灭火剂类型分为水型灭火器、空气泡沫灭火器、干粉灭火器、卤代烷灭火器、二氧化碳灭火器和化学泡沫灭火器。

按照灭火器的重量和移动方式分为手提式灭火器、背负式灭火器、推车式灭火器。

(2) 灭火器的使用方法

1) 干粉灭火器。干粉灭火器是最常见的一种灭火器，它可有效地扑灭易燃可燃气体、电器设备故障和一般固体物质引发的火灾。适用于各种火灾。灭火时，应手提灭火器快速奔赴火场，在离燃烧区 5 米左右放下灭火器，先将灭火器颠倒摇动几次，使干粉松动，拆下铅封，拔下保险销，一只手握住输粉胶管喷头处，另一只手按下压把，干粉即喷出。喷射干粉应对准火焰根部，由近及远，向前推进，不留残火，以防复燃。扑救油类等液体火灾时，不要直接冲击液面，防止液体溅出。

2) 卤代烷灭火器。使用时，先拆下铅封，拔下保险销，在灭火器有效喷射距离内，将喷嘴对准火焰根部，按下压把，灭火剂喷出；松开压把，喷射停止。喷射时，应迅速左右摆动喷嘴，向前平推扫射，防止回火复燃。

3) 二氧化碳灭火器。使用时，一只手拔下保险销，推起喷筒，另一只手提起压把，并同时按下，二氧化碳即可从喷筒喷出。使用时要注意，不要用手直接握喷筒或金属管，以免手被温度很低的二氧化碳冻伤。

4) 化学泡沫灭火器。分手提式和推车式两种：手提式化学泡沫灭火器使用时，将灭火器平稳地提到火场，应竖直向上，不可倾斜，上下晃几次使酸性和碱性液混合，产生的泡沫从嘴喷出，泡沫覆盖燃烧面，达到灭火目的。推车式化学泡沫灭火器使用时，应逆时针方向转动手轮，开启喷嘴开关，将车把手压制地面，握住喷枪喷射灭火。

(3) 适用范围

1) 水型灭火器主要适用于扑救固体物质，如木材、纸张、棉麻织物等的初起火灾。

2) 空气泡沫灭火器主要适用于扑救液体物质，如汽油、煤油、柴油、植物油、油脂等的初起火灾；也可用于扑救固体物质，如木材、纸张等的初期火灾。

3) 干粉灭火器主要适用于扑救液体、气体物质和电气设备的初起火灾。ABC 型干粉灭火器也可扑救固体物质的初起火灾。

4) 卤代烷、二氧化碳灭火器主要适用于扑救液体、气体物质和带电设备的初起火灾。

3. 防火的基本措施

(1) 控制可燃物体：1) 控制可燃物体和可燃物品的存储量；2) 定期对酒店内的可燃物品喷防火涂料，提高耐火极限。

(2) 破坏燃烧的助燃条件：1) 关闭防火门窗，切断空气对流；2) 用沙土覆盖可燃油液。

（3）消除着火源，就是破坏燃烧的热能源。1）在有着火的危险场所禁止吸烟；2）防止电路短路；3）接地防止静电；4）安装避雷器，防止雷击起火。

4. 前厅部防火的措施

（1）要配备足够的烟灰缸。酒店前厅客流量大，进出人员较为杂。前厅服务员要注意来往宾客，尤其注意吸烟宾客，要防止宾客乱扔烟头。在前厅的适当位置，特别是电梯厅、宾客休息沙发座位旁配备足够的烟灰缸，并及时清理烟蒂、纸屑等残存物。烟缸内烟头、烟灰要单独熄灭倒掉。

（2）注意观察。前厅服务员在接待服务过程中要随时留意并及时制止宾客将易燃易爆、枪支弹药及其他危险物品带入酒店，如发现情况要及时向保卫部门报告。勤观察，发现问题及时纠正、制止。

（3）注意电器设备的维护。前厅需加装电器设备或更新设备时，必须经过主管部门、工程技术部门和保卫部门共同检查审议，同意后才可安装使用。前厅工作人员不得私自加装、动用电器设备。

（4）加强日常巡视。前厅服务员每天每个班次都要检查所使用的各种设备状况。发现隐患要立即向本部门、设备保养维修部门和保卫部报告，积极采取措施，予以修理、更换或更新。下班前要仔细检查餐厅内是否有未熄灭的烟头及火种。爱护消防器材，掌握消防器材的使用方法。

5. 灭火的基本方法

（1）隔离法。将正在燃烧的物质与未燃烧的物质隔离，使火源独立。比如将火源附近的可燃物品和助燃物搬走，关闭可燃气体。

（2）窒息法。隔离空气使可燃物无法获得氧气而停止燃烧。比如用棉被浇水盖燃烧物。

（3）冷却法。降低着火物质的温度。用水喷洒着火源附近的物质，使其不形成新的火灾。

（4）抵制法。常用的灭火措施，向燃烧物质喷射灭火剂，从而中断燃烧。

6. 报火警的方法和内容

（1）发现火情打酒店内报警电话及时报警，报警时讲清起火具体地点、何燃烧物、火势大小、报警人的姓名和身份及所在部门和部位。

（2）如有可能应先灭火，同时报消防中心并保护现场。如火情紧急，应立即打碎墙上的报警装置，报警后迅速使用轻便灭火器灭火。

（3）发现火情时绝对不能高喊：“着火了！”如果火势较大，必须迅速报告酒店总指挥，经总指挥同意后才能打 119 报警电话。

7. 发生火灾如何疏散

前厅部接通知后，各岗位人员坚守岗位待命，并继续有条不紊地工作。接到疏散指令以后，前厅部要做好以下工作。

（1）电话总机：电话总机负责酒店内外一切通信联络。

1）一旦确定酒店发生火灾，总机话务员要立即通知酒店人员。

2）总机话务员必须坚守岗位，保证电话线路的畅通，随时准备同地方消防队取得联系。

3）在酒店消防委员会做出决定，通知当地消防队时，要迅速、准确无误地把情况通知消防队。在酒店消防委员会做出决定、撤离建筑时，要把撤离通知传达到每个部门。

4）对于任何内、外部无关人员的询问，一律不得透露火灾的情况，对于住店宾客的询问，可以回答："我们正在查明情况，一有消息会立即通知您。"

（2）总台

1）迅速打印出客人客房号，协助维护酒店大堂秩序，控制酒店大门，将宾客名单立即交给前厅经理，将每层的住房状况交给客房部。

2）当值的接待员，将所有宾客的资料打印一份。接待员应立即将所有的宾客登记卡取出，连同资料亲自送到疏散集合地点。

3）若宾客正在结账的时候得到疏散命令，立即通知宾客到集合地点，停止结账。在紧急时万不可等宾客办理离店手续。

4）将所有现金信用卡、支票、重要文件等贵重物品放入保险箱，锁好物品室。将钥匙保管好，妥善处理后应坚守岗位。

5）如果在安全情况下，要关闭所有门、窗、电源，然后离开直接去酒店疏散地区。

6）指派前台接待给残疾人士提供相应的空间协助疏散。

7）带领宾客通过紧急疏散出口，到达酒店疏散地区。

（3）行李部

1）确保大堂和公共区域的交通和设施畅通。确保行李房已关闭并且无人在房间里。

2）带领宾客到酒店大堂或到指定的酒店疏散地。指引宾客去紧急出口，然后去酒店疏散地。

3）确保所有的门开着。关锁所有的抽屉，然后保管好钥匙。

4）万一通信系统失灵，行李员就要充当传递信息员。

5）听从统一指示与指令。

（4）大堂副理

1）协助酒店的灭火行动。随时与火警现场的保安人员保持联系。集合组成疏散队帮助宾客疏散。疏散队负责带领宾客离开房间，然后通过最近的安全出口撤离，不能使用电梯。

2）负责组织人员将疏散下来的宾客安排到安全地点，并一定要保存全酒店的住客名单及上岗员工名单。安全地点的选择应首先考虑临近的酒店。由前厅部负责核对宾客名单，安抚宾客情绪，稳定现场秩序。

3）专业消防队到场后，主动介绍火灾情况，根据其要求协助做好疏散和扑救工作。

4）火灾扑灭后，大堂副理与消防中心人员检查现场和准备报告。

二、公共场所卫生常识

1. 公共场所的概念与特点

公共场所是指供公众共同使用，或为公众提供服务并有一定维护结构的场所。它一般有以下基本特点：（1）人群集中，流动性大；（2）设备和物品污染；（3）涉及面广；（4）从业人员自身素质参差不齐；（5）影响健康的致病因素传播快。

2.《公共场所卫生管理条例》摘录

（1）公共场所的要求。公共场所应符合国家卫生标准和要求的项目包括：空气、微小气候（湿度、温度、风速）、水质、采光、照明、噪声、宾客用具和卫生设施。

（2）人员要求。在公共场所直接为宾客服务的人员，持有“健康合格证”方能从事本职工作。患有痢疾、伤寒、病毒性肝炎、活动期肺结核、化脓性或者渗出性皮肤病以及其他有碍公共卫生的疾病的，治愈前不得从事直接为宾客服务的工作。

（3）处罚规定。凡有下列行为之一的单位或者个人，卫生防疫机构可以根据情节轻重，给予警告、罚款、停业整顿、吊销“卫生许可证”的行政处罚。

1）卫生质量不符合国家卫生标准和要求，而继续营业的。

2）未获得“健康合格证”，而从事直接为宾客服务工作的。

3）拒绝卫生监督的。

4）未取得“卫生许可证”，擅自营业的。罚款一律上缴国库。

（4）责任追究。违反本条例的规定造成严重危害公众健康的事故或中毒事故的单位或者个人，应当对受害人赔偿损失。违反本条例致人残疾或者死亡，构成犯罪的，应由司法机关依法追究直接责任人员的刑事责任。

3. 公共场所的基本卫生要求

（1）选址和设计要合理

1）选址的基本原则要有合理的服务半径，地势高而不潮湿，环境安静优雅，周围无较大污染源，交通便利。

2）平面布置的基本要求应做到布局工艺流程合理，容量应与服务半径相适应，避免拥挤和人群过密频繁接触。应有利于微小气候的调节，有利于维持公共卫生与预防传染病的传播。

3）内部结构的基本要求以安全卫生为前提，以有利于群众健康为目的。应根据场所性质充分满足卫生指标的要求。

（2）经营过程的良好管理

1）良好的环境包括地理位置要好、绿化好、空气清新，良好采光照明，布置典雅，美观大方，室内清洁卫生，环境优雅等。

2）良好的微小气候（气温、气湿、气流）。通过合理的通风、防暑降温、供暖防寒和正常的采光照明措施而获得。

3）清洁卫生的用具。必须保证随时对公用物品彻底清洗、消毒，并做好保洁工作。

4）预防疾病的工作。合理开放场次，加强通风换气，空气净化消毒，公用物品一客一换等。

5）建立健全卫生制度。卫生管理是国家法律法规给予经营者的法定义务，同时也是公共场所日常经营管理的重要组成部分，卫生的好坏，也反映了一个场所的整体经营管理水平。因此，各类公共场所经营管理者必须认真做好各项卫生管理工作，并结合本行业的特点建立卫生管理制度、消毒制度及卫生档案制度。

4. 公共场所卫生的自身管理

（1）公共场所的卫生许可

1）卫生许可证。卫生许可证是卫生行政部门在企业开业之前，依据企业申请进行预防性卫生监督之后，认为符合卫生标准和要求而制发的卫生许可证明书。

2）从业人员的健康检查。《公共场所卫生管理条例》第7条规定，公共场所直接为顾客服务的人员，持有“健康合格证”方能从事本职工作。患有痢疾、伤寒、病毒性肝炎、活动期肺结核，化脓性或者渗出性皮肤病以及其他有碍公共卫生的疾病的，治愈前不得从事直接为顾客服务的工作。

公共场所经营单位的从业人员应在当地卫生行政部门认可的卫生医疗机构进行体检，并经卫生监督部门进行卫生知识培训合格后发放健康证明。

3）从业人员的卫生知识培训。《公共场所卫生管理条例实施细则》第4条规定，卫生防疫机构负责监督和指导公共场所经营单位对其从业人员进行卫生知识培训和考核工作，其中个体经营者的培训考核工作由所在地区卫生防疫机构负责。培训的具体要求包括：①卫生防疫机构按全国“公共场所从业人员卫生知识培训教学大纲”编写教材。②公共场所卫生负责人和从业人员必须完成教学大纲规定的培训学时，掌握教学大纲规定的有关卫生法规、基本卫生知识和基本卫生操作技能等。③卫生防疫机构对受训人员的培训进行监督审核，对合格者在“健康合格证”上加盖考核合格章。新参加工作的从业人员应取得卫生知识合格证明后方可上岗工作。④从业人员每两年复训一次。

（2）经营环境的卫生要求

1）保持地面台面的清洁。每天打扫，专人打扫，产生蒸气的房间要经常开启排风装置。

2）及时处理垃圾。各种垃圾应存放在带盖的垃圾桶内并及时运走。

3）老鼠的控制。老鼠是许多种疾病的传染源。从业人员应随时报告在日常工作中发现的任何鼠迹，如粪便、污迹、路径、洞穴、碎屑、咬痕、灰尘和湿地上的足印、损坏的食品或食品容器及活的或死的老鼠等。控制老鼠要防止老鼠的进入以及防止水龙头滴水。

4）苍蝇、蟑螂等有害昆虫的控制。防止其进入房屋（纱网），并消除生长繁殖场所保持场所清洁。

（3）公用物品的消毒。公共场所是人们经常活动的场所，必须备足各种用具，并保持清洁卫生，外观良好。由于用品反复使用，难免或多或少地带有病原微生物，如有的酒店浴盆检查出致病性细菌，有的酒店拖鞋未消毒而使宾客感染脚癣等。因此，公共场所的从业人员必须随时保证对公用物品彻底清洗，并有保洁措施。另外，要根据用具的性质、功能，合理进行消毒，同时增设洗涤、消毒、净化设备及建立必要的制度。

5. 突发性事故的处理

（1）报告范围

1）微小气候或空气质量不符合卫生标准所致的虚脱休克。

2）生活饮水遭受污染或饮水污染所致的介水传染性疾病流行和中毒。

3）公共用具、用水和卫生设施遭受污染所致传染性疾病、皮肤病。

4）意外事故导致的一氧化碳、氨气、氯气、消毒杀虫剂等中毒。

（2）事故报告责任人。事故报告责任人为经营单位负责人及卫生负责人，其他人员也有义务报告。

（3）报告方式。发生死亡或同时发生 3 名以上（含 3 名）受害病人时，事故报告责任人要在发生事故 24 小时之内，电话报告当地卫生防疫机构，国内民航、铁路、交通、厂（场）矿等经营单位，应同时报告本系统卫生防疫机构，随即报告主管部门。必要时（如重大事故和可疑刑事案件等）必须同时报告公安部门。

（4）处理的程序

1）快速报告。

2）及时抢救病人和中毒患者。

3）保护现场。

4）控制和消除致病和中毒因素。

5）做好调查登记。

6）开展针对性的宣传，提高工作人员的卫生知识水平，增强自我保健能力。

6. 传染性疾病的预防

（1）传染病的传播必须具备的三个条件

传染病的传播必须具备的条件：传染源（如带有传染性病原体的人和动物）、传播途径（如空气、食物、土壤、饮水、虫媒）和易感人群（如儿童、老年人）。

（2）公共场所内主要传染病

1）呼吸道传染病。主要在冬、春季流行。包括流行性感冒、传染性非典型肺炎、流脑、上呼吸道感染、肺结核等。主要是通过空气，借助飞沫经呼吸道引起的感染。要预防公共场所内呼吸道疾病传染的发生，应加强场所内的通风，保证新鲜空气输入，同时需加强空气消毒措施。

2）肠道传染病。多见于夏、秋季，且易在公共场所造成暴发和流行。主要有病毒性肝炎、伤寒、霍乱、细菌性痢疾，通过公共场所的食品、公共用具和公共用品、水源而传播。

预防方面需做到：

① 注意饮食卫生，在卫生条件较差的地区或场所不喝生水和不吃凉拌食品。

② 注意隔离消毒，做好消毒工作。

③ 注意环境卫生，消灭苍蝇。

④ 在接触肝炎病人后，应用肥皂洗手。

3）虫媒传染病。多发于夏、秋季，如乙脑、斑疹伤寒，多以公共场所的蚊子、虱子为传播媒介。预防方面主要是注意环境卫生，消灭蚊子及虱子。

4）寄生虫疾病。主要是阴道滴虫病，在公共场所主要通过公共浴池、公共毛巾传播。预防方面主要注意公用物品的消毒。

5）眼疾、病眼疾病。如沙眼、流行性结膜炎（红眼病）也是通过公共场所内的公共用品传播。预防方面主要注意公用物品的消毒。

6）皮肤病。如手足癣，主要通过公共场所浴池的拖鞋、浴巾和修脚工具传播。预防方面主要注意公用物品的消毒。

7）性传播疾病。如梅毒、淋病、艾滋病等。主要通过酒店的公共浴池、理发店、游泳池等传播，由于人们共同接触的水源、用具、衣物等而引起感染或通过直接或间接性接触引起。

三、安全操作知识

酒店是为社会提供服务的公共场所。前厅服务员既要热情地欢迎每一位到店的宾客，又要防止和控制不良分子进入酒店或在店内扰乱、破坏正常的服务秩序。因此，前厅服务处于酒店与宾客接触的前沿，安全是前厅服务的首要保障。作为前厅服务员，就要具有较强的安全意识，并熟练掌握相关的安全技能。

1. 大堂的安全

酒店前厅的大堂是人员进出最多的地方，因此大堂的安全非常重要。前厅总台的位置应该是明显的，也就是前厅的可见度要比较强。宾客一进入酒店就能发现总台，同时总台的员工也能够看清酒店大堂出入的过往宾客。如果一家酒店的前厅不易让宾客找到，那么其设置是不合理的。在大堂的前厅工作人员要注意观察所有宾客的动向，维持好大堂的秩序，要利用好监控设备，发现可疑情况及时上报。前厅大堂是公共场所，酒店欢迎所有到店参观的潜在宾客。酒店通常拒绝外来人员到店拍照。

2. 出入安全控制

（1）从安全防范角度来看，酒店的出入口不宜过多。除职工通道以外，最好只设一个供宾客使用的主要出入口，这样便于进行安全控制和客流控制。

（2）前厅服务员首先应熟悉前厅消防疏散口位置，另外要保持前厅出入口畅通，无堆放物。门童是前厅服务的重要岗位。门童在出入口向宾客提供服务的同时，又是安全员。经过专门培训的门童，应该在工作中与保安人员密切合作，增强识别、防范和控制能力。

（3）可在前厅消防出入口安装紧急疏散装置，如门锁为单向锁，平日成关闭状态，店外闲散人员平时不得入内，发生火灾或紧急情况时，店内人员用力推动此装置，即可打开出入口门。酒店可以安装同步电视摄像头，使中控室监控画面随时切换至出入口。

3. 钥匙的安全

（1）为了确保钥匙区域的钥匙安全，不得让无关人员出入该区域，不准无关人员取拿钥匙。每个班次前都应检查所有钥匙的放置位置是否准确，并做好记录。

（2）住店宾客将钥匙交到总台后，服务员应立即将钥匙准确地放入相应房号的钥匙孔里。

（3）在长住客或长住公司结账离店时，不仅要收回钥匙，还要调换房间钥匙的锁芯。

（4）为宾客提供的客房备用钥匙结账收回后，要做好记录，及时将钥匙放回备用钥匙存放柜里。

（5）住客办理入住手续时，接待处人员需提醒宾客入住期间要保存好自己的房间钥匙，退房后需把钥匙还到前台。

（6）收银员在宾客退房时需向宾客收回钥匙。

（7）团队宾客退房时，前台接待处主管需提醒导游或领队统一收回房间钥匙。

（8）未经宾客同意，宾客保存在前台的钥匙不得交给他人。

（9）各班交接时一定要核对清楚客房的钥匙，钥匙的交接手续一定要严谨。

4. 电梯安全

（1）如果电梯突然失去控制，发生超速而无法掌握时，有司机的应首先切断电源，停在就近楼层；无司机时，机房值班人员接报警后立即切断电源，再用对讲机招呼乘客保持镇静，将脚跟提起并用手扶住轿厢壁，切勿跳轿厢。

（2）如电梯在行驶中突然发生停车故障，应先将轿厢内电源切断，然后用对讲机安抚乘客，再用手动方式使电梯停在平层，用手动钥匙开启电梯门使乘客离开。

（3）若遇电气设备发生燃烧，除应立即切断电源并迅速告知消防中心抢救外，应用1211等气体灭火剂进行扑救。

（4）若遇停层不开门，机房值班人员应先用对讲机安抚乘客，问清停在几层，再以最快速度用手动钥匙开起轿厢门放人。

（5）若遇到道底坑积水，应将电源全部切断，立即排水，检查正常后方可启用。

（6）电梯发生事故，机房值班人员必须立即停下，组织有关人员抢救伤员，保护现场，并及时报告有关部门。

5. 住宿登记安全

旅客住宿必须登记，登记时应当检验旅客的身份证件，按规定的项目如实登记。保证如实填表、严格验证、按时报送。

6. 行李安全控制

（1）住店宾客办理寄存行李物品时，行李人员要事先向宾客说明酒店不收存易燃易爆等违禁物品，然后按规定办理相关手续；向宾客询问行李里有无贵重物品，如有，建议存在收银处的保险箱里，如有易碎物品请小心拿放，易爆及有异味物品拒绝寄存。

（2）行李库房内严禁吸烟，宾客的物品应按规定码放整齐。短存与长存的行李要分隔开，并挂好寄存牌。各班次交接班时应当面点清核准。

（3）行李房内不准违规使用电器，行李库房内不得使用电炉、电取暖器、电熨斗等电器；行李房内不得堆放员工的私人物品。

（4）超过两件的行李需用行李绳串接起来。

7. 接待访客安全控制

（1）建立访客接待制度。酒店为保证宾客的安全及休息，按规定在23：00以后不再接待来访会客者。

（2）执行访客登记制度。酒店一般在前台或客房楼层设服务台接待来访会客者并予以登记。

（3）严格为住店宾客保密。

四、突发事件应急处理

1. 突发暴力事件处理

突发暴力事件包括：行凶、抢劫、凶杀、团体斗殴、酗酒及恶意滋事，发现爆炸可疑物品或爆炸事件等。

（1）前厅服务员在遇突发暴力事件发生时，要见机行事。向保卫部门报警，报告时要镇静，不大声喊叫，讲清事发地点等情况，事后要及时记录。立即告知部门经理或总值班员，并按指示向 110 报警。

（2）要保证自身安全及酒店设施安全。

（3）协助保卫人员尽快制服凶犯，保护好现场，并向保卫人员提供凶犯逃跑的方向、特征、人数等情况。

（4）在保卫人员的协助和组织下，保护好宾客遗留在现场的物品，并逐一进行登记，安抚宾客，并积极联系医院救治受伤害的宾客。

（5）积极向在现场的公安人员提供案发现场的目击情况，协助辨认嫌疑犯，协助做好善后工作。

（6）保护好现场。劫匪遗留的凶器、作案工具等不要用手触摸，划出警戒范围，不要让无关人员进入现场。

（7）在场人员不可向报界或无关人员透露任何消息，不准拍摄照片。

（8）如有伤者，要立即送往医院救治，并报告公安机关。

2. 自然死亡、患病、受伤宾客的应急措施

（1）如遇宾客受伤，应立即上前关心帮助，并告知大堂副理。

（2）观察宾客是真的发病还是醉酒闹事。如遇年老者摔倒不可立即将其扶起，而应让其保持原状并安抚宾客，询问要不要紧，并告知不能立即扶起是为了避免造成宾客中风。

（3）如果是店内宾客突发精神病，需联系宾客的朋友或者亲人来酒店处理。协助大堂副理和保安人员送宾客回房，并安排相关人员进行必要的照顾。大堂副理应态度友好地给宾客以安慰，让宾客感觉舒适。

（4）如果宾客患病需找医生治疗，如该宾客属紧急情况，应叫救护车。当救护车来时，大堂副理应同保安主管陪同宾客一起上救护车。大堂副理和保安员应确定将宾客送到救护车，并减少此事对酒店营业产生的影响。

（5）如宾客病情严重必须住院治疗，应通知有关团队或宾客的亲属及公司。大堂副理应通知收银员暂且保留该宾客所有账目直至宾客返回酒店。

（6）大堂副理在次日应亲自前往医院探望宾客。大堂副理应每天慰问生病宾客，如有必要应为宾客安排送餐服务，直至宾客返回酒店。

（7）前厅部员工如发现自然死亡、患病、受伤宾客时，须第一时间报告，并有效协助警方开展工作，在最短时间内清理现场。

（8）前厅部员工和大堂经理配合警方做好善后处理工作。

（9）防止宾客发生意外。保护酒店物品不被宾客损坏。

3. 自然灾害应急措施

当酒店受到水灾、雷击、暴风、雨雪、地震等严重自然灾害事故的侵袭时，前厅部门需在酒店的统一指挥下采取应急措施。

（1）发生的各方面信息由前厅部负责收集。当收到各类信息时，前厅通知相关部门，并及时将各类预警信号挂于大堂。

（2）应急处理，防止因自然灾害引发重大安全事故。

（3）出现以上紧急情况，若需疏散人员，由救灾指挥部确定疏散路线并组织疏散。

（4）在受灾清查、处理结束后，把情况汇总到救灾指挥部，由突发事件应急处置小组出具事故报告。

（5）前厅作为各部门的协调中心，如有酒店物品损坏，及时用相机将现场拍下，便于日后索赔保险。

（6）大堂副理及总机应密切注意各方面动向，并及时将信息传达给各部门。

（7）遇到下雨、下雪天气，要在门前放警示牌，告知宾客路滑。下雨时为宾客撑伞。下雪要在通道上铺上地毯、胶皮等防滑物品。

4. 宾客报失处理

（1）前厅服务员在接到宾客报失后，应首先问清失主姓名、房号、国籍等身份情况，以及丢失财物的名称、数量、型号、规格等。

（2）通知保安部，与保安主管和被盗的宾客一同前往现场，必要时还要有相关部门的人员在场，并对现场进行保护。

（3）仔细听取宾客陈述并认真记录整个事件发生的经过。有礼貌地提醒宾客再查找一次，看是否能找到失物，然后让保安人员再看一遍。

（4）宾客物品如果是在酒店范围之外遗失的，酒店将不负责任，但作为当班大堂副理应征得宾客同意后前往公安机关报案。

（5）如果宾客遗失的是贵重物品，宾客要求上报公安机关，大堂副理应答应宾客要求并协助宾客报案。

（6）写出详细的报告并存档，以便日后查询。

5. 宾客遗留物品处理

（1）前厅服务员在公共区域、总台、门口等处发现宾客遗留物品后，应及时上交酒店有关部门，并填表登记，详细记录遗留物品名称、数量、型号、规格及发现地点、捡拾人姓名等。

（2）对暂时无人认领的一般物品，可由指定部门保管。贵重物品应存入保险箱或专用库房中，并由专人保管，定期予以清点。

（3）长期无人认领的一般性物品在保管 3 个月以后，贵重物品保管 6 个月以后，应按规定统一处理。

6. 停电事故处理

忽然断电往往会引起恐慌，尽管酒店的应急供电系统会保证照明用电，但是在停电时服务员的处理如下：

（1）前厅如果突然发生停电，影响正常工作和服务时，前厅服务员要保持冷静，并稳定宾客情绪。总台立即启用应急手电，照射电梯出入口。

（2）礼宾组拉开所有大门，确保进出宾客的安全。总机及前厅其他部门应问工程部原因并做好解释工作，指示总机应对宾客询问。

（3）前厅部配备计算机、传真机的工作岗位，在突然停电时，要及时关闭电源，待接到通知后，再按程序接通电源。

（4）大堂副理问明总机停电原因、处理投诉、打电话到客用电梯，解释原因、安抚宾客。

（5）协助工程部的负责人，保证应急供电系统的运行。万一应急供电系统出现故障，大堂副理须安排足够的应急灯以保证照明。协助保安部作好酒店安全保卫工作。

（6）及时向酒店高层管理人员报告事态发展。

辅导练习题

一、判断题（下列判断正确的请在括号内打“√”，错误的请在括号内打“×”）

1. 燃烧的产生必须同时具备三个条件：可燃物、助燃物和着火源。（ ）

2. 助燃物是能够帮助和支持燃烧的物质。（ ）

3. 干粉灭火器可有效地扑灭易燃可燃气体，电器设备和一般固体物质火灾，适用于各种火灾。（ ）

4. 为了防止前厅发生火灾，应在前厅配备足够的烟灰缸，并及时清理烟蒂、纸屑。（ ）

5. 总机话务员必须坚守岗位，保证电话线路的畅通，随时准备同地方消防队取得联系。 （ ）

6. 总台员工应将现金、客账、账本等重要财务妥善安置、安排专人保管，随时准备疏散转移。 （ ）

7. 隔离灭火法是将灭火剂喷射于燃烧物上，通过吸热使其温度降低到燃点以下。 （ ）

8. 为了防止前厅发生火灾，不准在行李房内使用电炉、电取暖器、电熨斗等电器。 （ ）

9. 公共场所应符合国家卫生标准和要求的项目包括：空气、微小气候（湿度、温度、风速）、水质、采光、照明、噪声、宾客用具和卫生设施。 （ ）

10. 清洁卫生的用具必须随时保证对公用物品彻底清洗、消毒并做好保洁工作。（ ）

11. 酒店在长住客或长住公司结账离店时，不仅要收回钥匙，还要调换房间钥匙的锁芯。 （ ）

12. 行李库房内不得使用电炉、电取暖器、电熨斗等电器。 （ ）

13. 突发暴力事件包括：行凶、抢劫、凶杀、团体斗殴、酗酒及恶意滋事，发现爆炸可疑物品或爆炸事件等。 （ ）

14. 遇到下雨、下雪天气，要在门前放警示牌，告知宾客路滑。 （ ）

15. 长期无人认领的一般性物品在保管1个月以后，贵重物品保管3个月以后，应按规定统一处理。 （ ）

二、单项选择题（下列每题有4个选项，其中只有1个是正确的，请将其代号填写在横线空白处）

1. 干粉灭火器主要用于扑灭________。

A. 各类可燃性溶液的初起着火

B. 固体物质的初起火灾

C. 液体、气体物质和电气设备的初起火灾

D. 各类可燃物体的初起着火

2. 保护国内外宾客的生命、合法财产和隐私不受侵犯，这主要体现了酒店职业道德中的________性。

A. 社会公益　　B. 国际

C. 服务　　D. 安全

3. 按照火灾燃烧性质分，火灾类型不包括________。

A. A类　　B. E类

C. C 类　　　　D. D 类

4. 空气泡沫灭火器不宜扑灭________。

A. 木材的初起火灾　　　　B. 液体物质的初起火灾

C. 纸张的初起火灾　　　　D. 气体物质的初起火灾

5. 酒店前厅部防火的措施有以下几个方面，不包括________。

A. 关闭防火门窗，切断空气对流　　　　B. 加强日常巡视

C. 注意电器设备的维护　　　　D. 要配备足够的烟灰缸

6. 使用干粉灭火器时，首先拔下保险销，然后一只手握紧喷嘴胶管，对准燃烧物体，另一只手握住提把，拉起________，喷出粉末。

A. 安全阀　　　　B. 虹吸管

C. 提环　　　　D. 卡带

7. 据调查，在建筑火灾中，其中因烟雾和有毒气体造成的人员缺氧窒息和中毒死亡的人数占总伤亡人数的________以上。

A. 50%　　　　B. 60%

C. 70%　　　　D. 80%

8. 使用干粉灭火器时，首先应________。

A. 拔下保险销　　　　B. 拔下安全阀

C. 装上保险销　　　　D. 装上卡带

9. 干粉灭火器主要可用于扑灭燃烧液体、电器着火以及档案资料、纺织品和贵重仪器着火等情况，它具有________、无毒及无腐蚀等特点。

A. 不导电　　　　B. 导电

C. 价格低廉　　　　D. 贵重

10. 使用________式二氧化碳灭火器时，一手将手轮按顺时针方向旋转开启，即可喷出二氧化碳气体。

A. 舟车　　　　B. 自动开启

C. 螺旋开启　　　　D. 手动开启

11. 起火的三个基本条件是________。

A. 可燃物、热源和氧气　　　　B. 温度、空气和空间

C. 时间、火力大小和燃烧空间　　　　D. 燃烧的地点、燃烧的时间和燃烧的物质

12. 发生火灾无法控制时，应立即关闭房门，迅速从________疏散人群。

A. 窗户　　　　B. 楼梯

C. 电梯　　　　D. 消防通道

13. 酒店区域发生火情，员工报火警的方法是________。

A. 打酒店内报警电话，报警时讲清起火具体地点、燃烧何物、火势大小、报警人的姓名和身份及所在部门和部位

B. 打电话至 119，讲清起火具体地点、燃烧何物、火势大小、报警人的姓名和身份及所在部门和部位

C. 高声叫喊："着火了！"

D. 首先向住在贵宾房的宾客报警，然后再通知其他宾客

14. 在引发酒店火灾的主要原因中，不包括________。

A. 易燃物品的使用不当　　B. 电器损坏，导致漏电

C. 宾客随意乱扔烟头　　D. 家具的老化

15. ________不是酒店火灾的特点。

A. 高层建筑多，火势蔓延快　　B. 疏散人员困难

C. 功能布局复杂，消防困难　　D. 可燃物少，毒气量小

16. 发生火灾时，下列逃生方法中不正确的是________。

A. 火势无法控制时，应立即关闭房门，迅速从消防通道疏散

B. 高层人员无法下楼，可往上跑，不要硬往下跑

C. 逃生跑到楼顶后，站在顺风方向，等待援救

D. 疏散通道不能使用时，立即返回房间自救或等待他人救援

17. 前厅部总机接到疏散指令以后，要做好________工作。

A. 白天一旦确定发生火灾，总机要立即通知酒店安全总监、着火区域所属部门经理、总经理、工程部经理、客房部经理、餐饮部经理、大堂副理、其他有关部门人员

B. 迅速打印住客房号，协助维护酒店大堂秩序

C. 将所有现金信用卡、支票、重要文件等贵重物品放入保险箱，锁好物品室

D. 指派前台接待给残疾人士提供相应的空间协助疏散

18. 前厅部大堂副理接到疏散指令以后，要做好________工作。

A. 确保大堂和公共区域的交通和设施畅通，确保行李房已关闭并且无人在房间里

B. 负责组织人员将疏散下来的宾客安排到安全地点，并一定要保存全酒店的住客名单及上岗员工名单

C. 确保所有的门开着，带领宾客撤离到底楼大堂

D. 万一通信系统失灵，就要充当传递信息员

19. 火灾发生时，阻止空气流入燃烧区，使燃烧物得不到足够氧气而熄灭的灭火方法是

________。

A. 冷却法　　B. 隔离法

C. 抑制法　　D. 窒息法

20. 将灭火剂喷射于燃烧物上，通过吸热使其温度降低到燃点下，使其不再燃烧，此种灭火方法是________。

A. 冷却法　　B. 窒息法

C. 抑制法　　D. 隔离法

21. 火灾发生时，移开可燃物质，燃烧由于缺少可燃物质而停止的灭火方法是________。

A. 冷却法　　B. 窒息法

C. 抑制法　　D. 隔离法

22. 用灭火剂抑制燃烧，使燃烧终止的灭火方法是________。

A. 冷却法　　B. 窒息法

C. 抑制法　　D. 隔离法

23. 公共场所一般有以下基本特点，不包括________。

A. 人群集中，流动性大　　B. 设备和物品污染

C. 从业人员素质不高　　D. 影响健康的致病因素传播快

24. 经营环境的卫生要求不包括________。

A. 保持地面、台面的清洁　　B. 选址的周围无较大污染源

C. 老鼠的控制　　D. 苍蝇、蟑螂等有害昆虫的控制

25. 公共卫生突发性事故的报告范围不包括________。

A. 微小气候或空气质量不符合卫生标准所致的虚脱休克

B. 生活饮水遭受污染或饮水污染所致的传染性疾病流行和中毒

C. 公共用具、用水和卫生设施遭受污染所致传染性疾病、皮肤病

D. 意外事故导致的精神损害

26. 旅客住宿必须登记，酒店前台员工验证的要求不包括________。

A. 辨别证件的真假　　B. 注意查检证件的有效期

C. 检验签证期限　　D. 检验户籍证明

27. 当酒店受到自然灾害事故的侵袭时，酒店应采取________应急措施。

A. 当收到灾害信息时，前厅应通知相关部门，并及时将各类预警信号挂于大堂

B. 礼宾组拉开所有大门，确保进出宾客的安全

C. 协助工程部的负责人，保证应急供电系统的运行

D. 前厅部员工和大堂经理配合警方做好善后处理工作

28. 当接到宾客报失时，酒店应采取________应急措施。

A. 应首先问清宾客的姓名、房号、国籍等身份情况

B. 礼宾组拉开所有大门，确保进出宾客的安全

C. 防止宾客发生意外

D. 保护酒店物品不被宾客损坏

29. 当发现宾客有遗留物品时，酒店应采取________应急措施。

A. 通知保安部，与保安主管和被盗的宾客一同前往现场，并对现场进行保护

B. 对暂时无人认领的一般物品，可由指定部门保管

C. 在场人员不可向报界或无关人员透露任何消息，不准拍摄照片

D. 保护酒店物品不被宾客损坏

30. 当发现酒店停电时，服务员应采取________应急措施。

A. 立即启用应急手电，照射电梯出入口

B. 应密切注意各方面动向，并即时将信息传达给各部门

C. 在场人员不可向报界或无关人员透露任何消息，不准拍摄照片

D. 前厅部员工和大堂经理配合警方做好善后处理工作

三、多项选择题（下列每题中的多个选项中，至少有2个是正确的，请将正确答案的代号填在横线空白处）

1. 根据我国现行标准规定，按照火灾燃烧性质分，将火灾类型分为________。

A. A类火灾，指固体火灾

B. B类火灾，指液体火灾和可熔化的固体物质火灾

C. C类火灾，指气体火灾

D. D类火灾，指金属火灾

2. 火灾危害等级划分为________。

A. 特大火灾　　B. 重大火灾

C. 一般火灾　　D. 特殊火灾

3. 按照充装灭火剂类型分为________。

A. 水型灭火器　　B. 空气泡沫灭火器

C. 干粉灭火器　　D. 卤代烷灭火器

4. 按照灭火器的重量和移动方式分为________。

A. 手提式灭火器　　B. 背负式灭火器

C. 推车式灭火器　　D. 卤代烷灭火器

5. 水型灭火器主要适用于扑救________等的初起火灾。

A. 固体物质　　B. 木材

C. 纸张　　D. 棉麻织物

6. 空气泡沫灭火器主要适用于扑救________等的初起火灾。

A. 汽油　　B. 煤油

C. 柴油　　D. 植物油

7. 二氧化碳灭火器主要适用于扑救________等的初起火灾。

A. 图书　　B. 档案

C. 精密仪器　　D. 电气设备

8. 防火的基本措施是________。

A. 控制可燃物体　　B. 破坏燃烧的助燃条件

C. 消除着火源，破坏燃烧的热能源　　D. 加强观察

9. 前厅部防火的基本措施是________。

A. 要配备足够的烟灰缸　　B. 注意观察

C. 注意电器设备的维护　　D. 加强日常巡视

10. 传染病的传播必须具备的条件是________。

A. 传染源（如带有传染性病原体的人和动物）

B. 传播途径（如空气、食物、土壤、饮水、虫媒）

C. 易感人群（如儿童、老年人）

D. 传染方向

11. 接待访客安全控制应注意________。

A. 建立访客接待制度　　B. 执行访客登记制度

C. 严格为住店宾客保密　　D. 不接待访客

参考答案及说明

一、判断题

1. √。

2. √。

3. √。

4. √。

5. √。

6. √。

7. ×。

8. √。

9. √。

10. √。

11. √。

12. √。

13. √。

14. √。

15. ×。长期无人认领的一般物品在保管 3 个月以后，贵重物品保管 6 个月以后，应按规定统一处理。

二、单项选择题

1. C	2. D	3. B	4. D	5. A	6. C	7. C	8. A	9. A	10. C
11. A	12. D	13. A	14. D	15. D	16. C	17. A	18. B	19. D	20. A
21. D	22. C	23. C	24. B	25. D	26. D	27. A	28. A	29. B	30. A

三、多项选择题

1. ABCD	2. ABC	3. ABCD	4. ABC	5. ABCD
6. ABCD	7. ABCD	8. ABC	9. ABCD	10. ABC
11. ABCD				

第五章　前厅英语基本接待用语

考 核 要 点

基础知识考核范围	考核要点	重要程度
总机服务	日常接待用语	掌握
预订服务	日常接待用语	掌握
礼宾服务	日常接待用语	掌握
总台接待	日常接待用语	掌握
问讯服务	日常接待用语	掌握
结账服务	日常接待用语	掌握
大堂经理	日常接待用语	掌握

重点复习提示

一、总机服务（Operator Service）

1. Good morning，Center Hotel，Can I help you?

   早上好，中心大酒店，请问需要帮助吗?

2. Sorry，I've dialed the wrong number.

   对不起，我拨错号了。

3. Could you put me through to Room 218，please?

   请转 218 房间。

4. I will connect you with the Restaurant Reservation Desk.

   我帮您转到宴会预订。

5. For calls outside shanghai，please dial 0 and then the area code and number.

   您要打电话到上海，请拨 0，再拨区号和号码。

6. I'd like to be woken up tomorrow morning .

   我明天早上需要叫醒。

7. Could you hold the line, please?

请稍等。

8. May I speak to your manager?

我能和你们经理说话吗?

9. Sorry, he is not in at the moment.

对不起,他现在不在。

10. Would you like to leave a message?

您要留口信吗?

11. I beg your pardon.

对不起,请再说一遍,好吗?

12. It's my pleasure.

非常高兴为您服务。

13. Sorry to have kept you waiting.

对不起,让您久等了。

14. Sorry to interrupt you.

对不起,打扰您了。

15. Yes, please. Just a moment, please.

好的。请稍等一下。

16. I'd like to speak with Mr. Brown.

我想请布朗先生听电话。

17. I'm afraid there is no reply from Room 210.

210 号房恐怕没人接电话。

18. Could you try again?

请再试一次好吗?

19. I'm afraid your party was cut off.

对方恐怕已经挂断了。

20. I'd like to call my friend in his room.

我想打电话到朋友的房间。

21. Please dial 60 and then the room number.

请先拨 60 再拨房间号码。

22. What number are you calling, please?

请问您要拨打的电话号码是多少?

23. Is this a paid call.

这是已付费电话吗？

24. I'd like to make an international call.

我想拨一个国际电话。

25. You may call direct from your room，sir.

先生，您可以直接由客房拨出去。

26. The country codes are listed in the Service Directory in your room.

国家代号列在您房间里的服务指南上。

27. I'd like to make a collect call to the U. S. A.

我想打一个对方付费电话到美国。

28. There is a time difference of 13 hours. It is 12 noon there now.

那里和这儿有 13 小时的时差，那里现在应该是中午 12 点。

29. Thank you Mr. ××，your room number is ×× and we will call you at ×× in the morning.

××先生，请允许我重复一下，您的房号是××，我们将于早晨××时叫醒您。

30. Sorry，room ×× does not answer. Would you like to leave a message?

对不起，电话没人接，您是否需要留言？

31. I am sorry，sir，we are not allowed to give our guest's room numbers. Can you give me your name and telephone number and I'll have Mr. ×× call you back.

对不起，我不能将宾客的房号告诉您。请将您的姓名及回电号码告诉我，我可以请××先生给您回电。

32. Sorry，we do not have this name listed as our guest. Would you like to leave a message in case Mr. ×× checks in?

对不起，我查不到这位宾客的名字。您是否需要留言，以便您所找的宾客抵达时，我们可以通知他。

33. I am afraid such information is confidential，I am so sorry.

很对不起，此类信息属于保密范围。

二、预订服务（Room Reservations）

1. I'd like to book a single room for Monday next week.

下周一我想订一个单人房间。

2. How long will you be staying?

您打算住多久？

3. What time do you expect to arrive，sir?

先生，您何时到达？

4. How many guests will there be in your party?

同行的有几位宾客？

5. We'll be leaving on Thursday morning.

我们将在周四上午离开。

6. What's the price difference?

两种房间的价格有什么不同？

7. A double room with a front view is 100 dollars per night，one with a rear view is 90 dollars per night.

一间双人房朝阳面的每晚 100 美元，背阴面的每晚 90 美元。

8. I think I'll take the one with a front view then.

我想我还是要朝阳的吧。

9. What's your flight number，please，in case the plane's late?

您的航班号是多少？如果飞机晚点怎么办？

10. And we look forward to seeing you next Monday.

我们期待下周一见到您。

11. We do have a single room available for those dates.

我们确实有一个单间，在这段时间可以用。

12. I'm afraid our hotel is fully booked on that date. Is it possible for you to change your reservation?

那天我们酒店客满，您能否更改预订日期？

13. What is the rate，please?

请问房价是多少？

14. The current rate is ＄ 100 per night.

房价是 100 美元一晚。

15. What services come with that?

这个价格包括哪些服务项目呢？

16. That sounds not bad at all. I'll take it.

听起来还不错。这个房间我要了。

17. By the way，I'd like a quiet room away from the street if it is possible.

顺便说一下，如有可能我想要一个不临街的安静房间。

18. May I have your name and telephone number, please?

请问你的姓名和电话号码？

19. We look forward to hearing from you.

我们静候您的佳音。

20. You are welcome, sir.

先生，不客气。

21. Could you hold the line, please? I'll check the room availability for that day.

请稍等，我查一下那天是否有空房。

22. His company will pay.

费用将由公司支付。

23. Would you like Full American Plan or Continental?

您希望是美国收费方式还是大陆收费方式？

24. We'll have to charge you \$10 extra.

我们要向您额外收 10 美元。

25. Our hotel is located in the centre of the city.

我们酒店位于市中心。

26. Would you like us to send you a brochure?

我们给您寄一份介绍我们酒店的小册子好吗？

27. How will you be paying the bill (account)?

您将如何付款？

28. We accept American Express.

我们接受美国运通卡。

三、礼宾服务（Concierge）

1. Good evening, Welcome to our Hotel.

晚上好，欢迎光临我们酒店。

2. Please contact me if you have any further questions.

如果您有任何其他问题，请和我联络。

3. How many pieces of luggage do you have?

请问您有多少件行李？

4. Just this three.

只有这3件。

5. Two suitcases and one bag. Is that right?

2个旅行箱和1个手提皮包，对吗？

6. I'll show you to the Front Desk. This way, please. I'll put your bags by the post over there.

我来带您到柜台，这边请。我先将您的行李放在柱子旁边。

7. A bellman will show you to your room when you have finished checking-in.

当您办好住宿登记时，行李服务员会带您到房间。

8. Please enjoy your stay.

祝您住宿愉快。

9. Mind (Watch) your step.

请走好。

10. Please don't leave anything behind.

请别遗忘您的东西。

11. Are these your baggage?

这些是您的行李吗？

12. May I take them for you?

我来帮您拿好吗？

13. Is this everything, sir?

这是全部东西吗，先生？

14. Let me help you with your luggage.

我来帮您拿行李。

15. It's very kind of you to do so.

你这样做使我很感激。

16. How do you like this room?

您觉得这个房间怎么样？

17. Do you mind if I put your luggage by the wardrobe?

我把您的行李搁在衣柜旁边好吗？

18. Wish you a pleasant journey! Good luck!

祝您旅途愉快！祝您好运！

19. Turn left /right. It's in the lobby near the main entrance.

往左转/右转。在大厅靠近大门。

20. The Reception Desk is straight ahead.
接待处就在前面。
21. Excuse me，where can I buy some cigarettes?
劳驾，我到哪儿可买到香烟？
22. There is a shop on the ground floor.
一楼有个商店。
23. Can I also get some souvenirs there?
我在那儿也可以买到纪念品吗？
24. Excuse me，where is the restaurant?
劳驾，请问餐厅在哪儿？
25. Is there anything valuable or breakable in your bag?
包内有贵重或易碎的物品吗？
26. May I hang your coat in the closet，sir?
我把您的衣服放到衣橱里面好吗？
27. Is there anything breakable in your briefcase?
您包里有易碎物品吗？
28. Will you get me some wrapping paper and cord?
帮我拿一些包装纸和绳子，好吗？

四、总台接待（Reception）

1. Do you have you a reservation?
您有预订吗？
2. What kind of rooms would you like?
您需要什么样的房间？
3. Here is a brochure of our hotel and tariff.
这是介绍我们酒店的小册子和价目表。
4. I'd like to check in，please.
我想入住酒店。
5. May I see your passport?
我可以看您的护照吗？
6. Would you mind writing down your name，sir?
请您在这儿签名。

7. What should I fill in under ROOM NUMBER?

“房间号码”这一栏我该怎么填呢?

8. I'll put in the room number for you later on.

等一会我来给您填上房间号码。

9. How long do you intend to stay in this hotel?

您准备住多久?

10. Can I book a single room for my friend beforehand as he will arrive in Shanghai tomorrow morning?

我能为我的朋友预订一间单人房吗?他将于明天早上到达上海。

11. Would you mind filling in this form and pay five hundred yuan in advance for him.

请填好并预付 500 元钱。

12. Could you fill in this form, please?

请您填写这张表格，好吗?

13. May I know your name and room number?

您能告诉我您的名字与房间号吗?

14. I want a double room with a bath.

我要一间有浴室的双人房。

15. Here is your room key.

给您房间钥匙。

16. How much a day do you charge?

每天收费多少?

17. This is a receipt for paying in advance. Please keep it.

这是预付款收据，请收好。

18. Have you any vacant (spare) room in the hotel?

酒店里有空余房间吗?

19. Sorry, we have no vacant (spare) room for you. But I can recommend you to the Center Hotel .

对不起，我们已经客满了。但是我可以介绍您去中心大酒店。

20. How much do I have to pay for you?

我要付多少钱?

21. Yes, we do have a reservation for you.

是的，我们这儿是有您预订的房间。

22. You forgot to put in the date of your departure.
您忘了填写离店日期了。
23. It is on the 8th floor and the daily rate is $ 100.
房间在 8 层，每天的房费是 100 美元。
24. You may pay in cash or with credit card.
您可以付现金也可以用信用卡。
25. Wish you a most pleasant stay in our hotel.
愿您在我们酒店过得愉快。
26. I'm glad that we'll be able to accept your extension request.
很高兴我们有办法接受您延长住宿的要求。
27. May I reconfirm your departure date?
我想再次确认您的离店日期？
28. May I take a print of the card，please?
我想复印您的卡。
29. If there is any change，could you notify the Front Desk，please?
如果有何变化，请您通知总台。
30. We do have roll-aways we can tuck into a corner.
我们有折叠床，可以放在房间的角落。
31. We have no record of a reservation in your name.
我们没有以您名字预订房间的记录。
32. Do you have a letter or telex confirming the reservation?
您是否收到过确认您的预订的信或电传？
33. When did you make the reservation?
您是什么时候预订的房间？
34. Our check-in time is 2 o'clock. Would you mind waiting until then?
我们登记入店时间是 2 点，您会介意等到那时吗？

五、问讯服务（Information）

1. Good afternoon，my room number is 208. Any mail for me?
下午好！我是 208 的客人。有我的信吗？
2. My message lamp is on. Is there a message for me?
我的留言灯亮了，有我的留言吗？

3. You have a message was left by a lady before one hour.

一位小姐一小时前来电话留言给您。

4. If you want to take a walk，you can go to the garden.

如果您想散步，可以去花园。

5. There is a recreation centre on the ground floor.

在一楼有个娱乐中心。

6. I'll mail a letter to U. S. A. by airmail.

我要寄一封航空信到美国。

7. Would you please tell me the service hours of the restaurant ?

请告诉我餐厅的服务时间？

8. From 7：00 a. m. till 12：00 p. m.

从早上 7 时一直到晚上 12 时。

9. When will the bar and cafe open?

酒吧和咖啡馆什么时间开放？

10. Does the hotel offer any other service?

酒店里还有哪些服务项目？

11. And where can I have my laundry done?

衣服在哪儿洗？

12. What can I do for you?

我能为您做些什么？

13. I'm looking for a friend，Mr. White. Could you tell me if he is in the hotel?

我在找一位朋友，怀特先生。你能告诉我他是住在这个酒店吗？

14. Just a minute，please. I'll see if he is registered.

请稍等片刻，我看看他是否登记了。

15. Mr. Wang said he's waiting for you in his room.

王先生说他在房间里等您。

16. Could you tell me his room number，please?

请问他的房间号码是多少？

17. I suppose his room number is 208.

我想他的房间号码是 208 号。

18. By the way，please show me where the lift is?

请告诉我电梯在什么地方？

19. What time does this train leave?

这列火车什么时间发车?

20. Could you get me two tickets for tomorrow here?

请给我两张明天的火车票，好吗?

21. Apart from the recreation centre, we also have a health club on the second floor.

除了娱乐中心，我们在二楼还有一个健身中心。

22. The Chinese restaurant is on the eighth floor.

中式餐厅在酒店的8楼。

23. The bank is just over there behind you, madam.

银行就在您身后那边。

24. Am I going the right way for the tennis courts?

去网球场是这条路吗?

25. What is the basic rate for taxi here?

这里出租车的起步价是多少?

26. Sports requisites are available free of change.

运动器械是免费提供的。

六、结账服务（Checking-out）

1. I'd like to check out now.

我想结账。

2. Did you have breakfast this morning?

请问您今天早晨吃过早餐了吗?

3. Three nights at $100 each, that makes a total of $300.

3个晚上，每晚100美元，总共是300美元。

4. Your name and room number, please?

请问您的姓名和房间号码?

5. Can I pay by credit card?

我可以用信用卡支付吗?

6. Excuse me. We're leaving today. I'd like to pay our bills now.

劳驾，我们今天要离店。我现在结账。

7. I'd like to tell you that the checkout time is 12：00 noon, sir.

先生，酒店结账时间是中午12点。

8. Here's your receipt, I'll send a porter up to get your luggage.

这是您的发票，我马上派一个行李员帮您拿行李。

9. How about the charge for the days you shared the room with your friend?

您的朋友与您同住的费用如何处理？

10. Please add to my account.

请记在我的账里。

11. That's for the phone calls you made from your room.

这是您房间的电话费。

12. The total for the days is six hundred yuan .

费用总共是 600 元。

13. Would you like to vacate the room now, Miss Smith?

史密斯小姐，您现在要退房间吗？

14. Did you make any phone calls from your room?

您在房间里是否打过电话？

15. Shall I draw up your bill for you?

我把您的账单开出来，好吗？

16. Here is your bill. Would you like to check it ?

这是您的账单，请您过目。

17. Item 7 is the $880 for your room.

第 7 项是您的房费 880 美元。

18. I'm sorry, we don't accept personal cheques, It's the policy of the hotel.

对不起，我们不收个人支票，这是酒店的规定。

七、大堂经理（Assistant Manager）

1. What do you think of our service?

您对我们的服务有什么意见？

2. Thank you for your comments (compliment, suggestions).

谢谢您给我们提的意见（赞扬、建议）。

3. I'm afraid it's against the hotel's regulations.

这是违反酒店规定的。

4. we don't accept tips in our hotel.

我们酒店是不收小费的。

5. It's our pleasure to serve our guests well.

我们很乐意为宾客服务。

6. I'm afraid you'll have to pay for the damage.

您恐怕要赔偿。

7. I'm sorry. It's my fault.

很抱歉，那是我的过错。

8. I'll look into the matter right away.

我马上去处理这件事情。

9. I assure you it won't happen again.

我保证此类事情不会再发生。

10. Please don't worry, sir .

先生，请不必担心。

11. I'll send someone up to your room right away.

我马上派人到你的房间去。

12. I can't guarantee anything, but I'll try my best.

我不能保证，但我会尽力而为。

13. I am sorry about the matter, sir. I shall put you through to the Assistant Manager and get him to attend to you as soon as possible.

很对不起，我马上把您的电话转给大堂值班经理，让他尽快为您解决。

14. I am sorry, Mr. ×× is at a meeting. May I put you through to his assistant?

对不起，××先生正在开会。请他的助手与您讲话好吗？

15. I am terribly sorry. There could have been some mistakes. I do apologize.

这是我弄错了，非常对不起。

16. I am sorry, sir. I'll look into the matter at once.

对不起，先生。我马上去处理此事。

17. What's the problem, sir? Can I be of assistance?

先生，出了什么问题？我能为您做点什么？

18. I'm sure everything will be right again next time you come.

相信下次您再来时，一切都会使您称心满意的。

辅导练习题

一、判断题（下列判断正确的请在括号内打“√”，错误的请在括号内打“×”）

1. I have a reservation，but I will postpone my check-in time 的中文意思是我有一个包，但是里面没有什么贵重的物品。（　）

2. May I stay here longer than planned 的中文意思是我可以延期吗？（　）

3. Could you change a room facing south for me 的中文意思是能否给我换一间朝阳的房间？（　）

4. I want to send a fax to U. S. A 的中文意思是我要发一个传真到美国。（　）

5. Please fill out this registration form 的中文意思是请您填写登记表。（　）

6. This is a closet and that is a bathroom 的中文意思是这是壁橱，那是卫生间。（　）

7. The minimum charge is for three minutes 表示的中文意思是最低按打三分钟收费。（　）

8. I will apologize for this 的中文意思是对此我向您道歉。（　）

9. I am sorry，over weight the limited，please take the next. 表示的中文意思是对不起，人员超载了，请乘下一部电梯。（　）

10. I will get in touch with the doctor immediately and pass that information on to him. 这句话通常会出现在宾客住店时生病的情况中。（　）

二、单项选择题（下列每题有 4 个选项，其中只有 1 个是正确的，请将其代号填写在横线空白处）

1. Have you made a reservation 的中文意思是______。

A. 你要用早餐吗　　B. 你们什么时候退房

C. 您办理过预订吗　　D. 我们已经客满

2. You must be very tired after a long trip 的中文意思是______。

A. 你要什么样的房间　　B. 您旅途辛苦了

C. 您一定是需要帮忙　　D. 你必须用现金结账

3. I have a reservation，but I will postpone my check-in time 的中文意思是______。

A. 我有支票，但是还没有签字

B. 我已经办理了预订，但我要推迟入住

C. 我有一个包，但是里面没有什么贵重的物品

D. 我曾经预订过，但是住客不是我

4. May I stay here longer than planned 的中文意思是________。

A. 我可以延期吗　　B. 我想现在用餐

C. 我可以换张长点的桌子吗　　D. 我想在这里等人

5. Please fill out this registration form 的中文意思是________。

A. 请您填写登记表　　B. 请您确认预订

C. 请把浴缸的水充满　　D. 请把门关上

6. Could you change a room facing south for me 的中文意思是________。

A. 请你们现在就清扫房间　　B. 能否给我换一间朝阳的房间

C. 你们只有一间套房了　　D. 你们有空房吗

7. I want to send a fax to U. S. A 的中文意思是________。

A. 我要发一个传真到美国　　B. 我要打一个电话到美国

C. 我要收一个来自美国的电子邮件　　D. 我要往美国发一个电子邮件

8. He must been out 的中文意思是________。

A. 他一定是出去了　　B. 他回来了

C. 他一定在房间里　　D. 他必须先预订

9. This is a closet and that is a bathroom 的中文意思是________。

A. 那是客厅，这是卧室　　B. 那是电话表，这是价目表

C. 这是壁橱，那是卫生间　　D. 这是节目单，那是电话表

10. May I leave a message for him 的中文意思是________。

A. 我有一个包裹先放在这里　　B. 没有我想看的电视节目

C. 我可以给他留言吗　　D. 我可以免费打长途电话吗

11. It is time to get up，please 的中文意思是________。

A. 延误时间了　　B. 时间到了，请起床

C. 时间很充裕　　D. 该出发了

12. What is the exchange rate today 的中文意思是________。

A. 今天的汇率是多少　　B. 今天的客房出租率是多少

C. 今天的天气多好　　D. 早晨的工作效率很高

13. I will pay by credit card 的中文意思是________。

A. 我能用什么方式结账　　B. 我使用信用卡结账

C. 我用现金结账　　D. 我用支票结账

14. I will apologize for this 的中文意思是________。

A. 对此意外我们感到非常遗憾　　B. 对此我们也无能为力

C. 对此我向您道歉　　D. 对此恶劣的态度我无法容忍

15. Here is your luggage，sir 的中文意思是________。

A. 这是您要的杂志　　B. 先生，这是账单

C. 这是您的行李　　D. 小姐，这是账单

16. Are there any letter for me 的中文意思是________。

A. 定金是多少　　B. 订票手续费是多少

C. 这里有我信件吗　　D. 这是我订的杂志吗

17. Please call a taxi for me 的中文意思是________。

A. 我想坐去机场的班车　　B. 我们想在高峰期的时候不坐出租车

C. 请帮我叫一辆出租车　　D. 我们想在明天租辆车

18. "飞机明天几点起飞"的正确英文表达是________。

A. What date of the flights　　B. When will the plane leave tomorrow

C. What is the air fare　　D. When is the date of the flights

19. Did you use mini-bar just now 的中文意思是________。

A. 您刚用过房间的小酒吧吗　　B. 请问您需要洗衣服务吗

C. 请问可以修理房间了吗　　D. 您现在可以去酒店的酒吧了

20. What is the room rate 表示的中文意思是________。

A. 房价是多少　　B. 单人间还有吗

C. 标准间的房价是否打折　　D. 三人间还有吗

21. Take care，not to bump your head 的中文意思是________。

A. 小心碰头　　B. 请大家抬起头来

C. 地面滑，先生请小心往前走　　D. 我会好好照顾自己

22. The minimum charge is for three minutes 表示的中文意思是________。

A. 最少的时间为 30 分钟　　B. 最低按打 3 分钟收费

C. 最高的收费标准是 3 分钟　　D. 最低的收费标准是 45 分钟

23. Just a moment，the elevator will be here soon 表示的中文意思是________。

A. 请稍等，行李车马上就来　　B. 请稍等，账单马上准备好

C. 请稍等，行李员马上就来　　D. 请稍等，电梯马上就下来

24. Please get me an outside line 的中文意思是________。

A. 请给我接内线　　B. 请在外面画条线

C. 请给我接外线　　D. 请您到线外等候一下，这里马上就好

25. "本店对宾客贵重物品有明确的规定"的正确英文表示是________。

A. Our rule is very clear about the book and luggage

B. We have very good instructions about the luggage

C. We have very clear instructions about the valuable

D. The hotel very bad of the valuable

26. Please pay cash 表示的中文意思是________。

A. 请保管好现金　　B. 拒收现金

C. 请支付现金　　D. 这是我们找给您的现金

27. I will get in touch with the doctor immediately and pass that information on to him 这句话通常会出现在________中。

A. 宾客住店时生病的情况　　B. 宾客需要房间时的情况

C. 宾客询问信息时的情况　　D. 宾客留言服务

28. 下列服务用语中，一般不会在总台服务过程中使用的是________。

A. Here is the price list

B. Which style do you prefer

C. Is breakfast included

D. Just a moment，the elevator will be here soon

29. 下列服务用语中，属于大堂副理常用英语的是________。

A. Sorry，I don't know

B. Can we get some discount for weekend

C. We will be attentive to it as soon as possible

D. We do have rooms for those days

30. I want to have an extension 的中文意思是________。

A. 我们想换把新钥匙

B. 我们很抱歉地告诉您，我们想换个房间

C. 我们很抱歉地告诉您，我们想取消预订

D. 我想办理续住手续

31. How to spell your name 的中文意思是________。

A. 您的身份证呢　　B. 请问怎样拼写您的名字

C. 如何填写临时预订登记表　　D. 如何使用外国旅行支票

32. I am hotel delegate 的中文意思是________。

A. 我是酒店的接机代表　　B. 我能帮助您吗

C. 我很高兴为你服务　　D. 我是接待处，要求订房吗

33. Hold the line please，I will look it up for you 表示的中文意思是________。

A. 请拿好，我马上就来　　B. 请准备好，我马上为你查找

C. 请别挂，我给您查一下　　D. 请准备好，电话马上就来

34. I want to make a long distance call 的中文意思是________。

A. 我想要个长途电话　　B. 我想做个长途旅行

C. 我想做个长时间的报告　　D. 我想准备长时间地休息一下

35. Please put me through to room No. 1125 的中文意思是________。

A. 请把我带到 1125 房间去

B. 请为我开通 1125 房间的电话

C. 请帮我接通 1125 号房间

D. 请检查一下 1125 房间

参考答案及说明

一、判断题

1. × 2. √ 3. √ 4. √ 5. √ 6. √ 7. √ 8. √ 9. √ 10. √

二、单项选择题

1. C 2. B 3. B 4. A 5. A 6. B 7. A 8. A 9. C 10. C
11. B 12. A 13. B 14. C 15. C 16. C 17. C 18. B 19. A 20. A
21. A 22. B 23. D 24. C 25. C 26. C 27. A 28. B 29. C 30. D
31. B 32. A 33. C 34. A 35. C

第六章 相关法律、法规

考核要点

基础知识考核范围	考核要点	重要程度
《中华人民共和国劳动合同法》相关知识	1. 概况和背景	了解
	2. 与酒店职业相关的主要内容	掌握
《中华人民共和国消费者权益保护法》相关知识	1. 概况和背景	了解
	2. 与酒店职业相关的主要内容	掌握
《中华人民共和国旅馆业治安管理办法》相关知识	1. 概况和背景	了解
	2. 与酒店职业相关的主要内容	掌握
《外国人入境出境管理法》相关知识	1. 概况和背景	了解
	2. 与酒店职业相关的主要内容	掌握

重点复习提示

一、《中华人民共和国劳动合同法》相关知识

1. 概况和背景

制定《劳动合同法》是为了完善劳动合同制度，明确劳动合同双方当事人的权利和义务，保护劳动者的合法权益，构建和发展和谐稳定的劳动关系。《劳动合同法》适用于中华人民共和国境内的企业、个体经济组织、民办非企业单位等组织与劳动者建立劳动关系，订立、履行、变更、解除或者终止劳动合同。国家机关、事业单位、社会团体和与其建立劳动关系的劳动者，订立、履行、变更、解除或者终止劳动合同，也必须依照《劳动合同法》执行。

2. 与酒店职业相关的主要内容

（1）劳动合同的订立。订立劳动合同，应当遵循合法、公平、平等自愿、协商一致、诚实信用的原则。用人单位自用工之日起即与劳动者建立劳动关系。用人单位应当建立职工名册备查。用人单位招用劳动者时，应当如实告知劳动者工作内容、工作条件、工作地点、职

业危害、安全生产状况、劳动报酬，以及劳动者要求了解的其他情况。建立劳动关系，应当订立书面劳动合同。劳动合同由用人单位与劳动者协商一致，并经用人单位与劳动者在劳动合同文本上签字或者盖章生效。劳动合同文本由用人单位和劳动者各执一份。

劳动合同期限为 3 个月以上不满 1 年的，试用期不得超过 1 个月；劳动合同期限为 1 年以上不满 3 年的，试用期不得超过两个月；3 年以上固定期限和无固定期限的劳动合同，试用期不得超过 6 个月。同一用人单位与同一劳动者只能约定一次试用期。劳动者违反服务期约定的，应当按照约定向用人单位支付违约金。违约金的数额不得超过用人单位提供的培训费用。用人单位要求劳动者支付的违约金不得超过服务期尚未履行部分所应分摊的培训费用。用人单位与劳动者约定服务期的，不影响按照正常的工资调整机制提高劳动者在服务期期间的劳动报酬。

对劳动合同的无效或者部分无效有争议的，由劳动争议仲裁机构或者人民法院确认。劳动合同部分无效，不影响其他部分效力的，其他部分仍然有效。劳动合同被确认无效，劳动者已付出劳动的，用人单位应当向劳动者支付劳动报酬。劳动报酬的数额，参照本单位相同或者相近岗位劳动者的劳动报酬确定。

（2）劳动合同的履行和变更。用人单位应当按照劳动合同约定和国家规定，向劳动者及时足额支付劳动报酬。用人单位拖欠或者未足额支付劳动报酬的，劳动者可以依法向当地人民法院申请支付令，人民法院应当依法发出支付令。用人单位应当严格执行劳动定额标准，不得强迫或者变相强迫劳动者加班。用人单位安排加班的，应当按照国家有关规定向劳动者支付加班费。劳动者拒绝用人单位管理人员违章指挥、强令冒险作业的，不视为违反劳动合同。用人单位与劳动者协商一致，可以变更劳动合同约定的内容。变更劳动合同，应当采用书面形式。变更后的劳动合同文本由用人单位和劳动者各执一份。

（3）劳动合同的解除和终止。用人单位与劳动者协商一致，可以解除劳动合同。劳动者提前 30 日以书面形式通知用人单位，可以解除劳动合同。劳动者在试用期内提前 3 日通知用人单位，可以解除劳动合同。用人单位以暴力、威胁或者非法限制人身自由的手段强迫劳动者劳动的，或者用人单位违章指挥、强令冒险作业危及劳动者人身安全的，劳动者可以立即解除劳动合同，不需事先告知用人单位。合同具体罗列了劳动者有哪些情形用人单位可以解除或者不可以解除劳动合同。

用人单位单方解除劳动合同，应当事先将理由通知工会。用人单位违反法律、行政法规规定或者劳动合同约定的，工会有权要求用人单位纠正。用人单位应当研究工会的意见，并将处理结果书面通知工会。劳动合同终止的具体情况。有几种情况用人单位应当向劳动者支付经济补偿。经济补偿按劳动者在本单位工作的年限，每满 1 年支付 1 个月工资的标准向劳动者支付。6 个月以上不满 1 年的，按 1 年计算；不满 6 个月的，向劳动者支付半个月工资的经济补偿。

（4）法律责任。用人单位直接涉及劳动者切身利益的规章制度违反法律、法规规定的，由劳动行政部门责令改正，给予警告；给劳动者造成损害的，应当承担赔偿责任。用人单位提供的劳动合同文本未载明《劳动合同法》规定的劳动合同必备条款或者用人单位未将劳动合同文本交付劳动者的，由劳动行政部门责令改正；给劳动者造成损害的，应当承担赔偿责任。用人单位违反《劳动合同法》规定与劳动者约定试用期的，由劳动行政部门责令改正；违法约定的试用期已经履行的，由用人单位以劳动者试用期满月工资为标准，按已经履行的超过法定试用期的期间向劳动者支付赔偿金。

劳动者依法解除或者终止劳动合同，用人单位扣押劳动者档案或者其他物品的，依照前款规定处罚。用人单位违反《劳动合同法》规定未向劳动者出具解除或者终止劳动合同的书面证明，由劳动行政部门责令改正；给劳动者造成损害的，应当承担赔偿责任。劳动者违反《劳动合同法》规定解除劳动合同，或者违反劳动合同中约定的保密义务或者竞业限制，给用人单位造成损失的，应当承担赔偿责任。用人单位招用与其他用人单位尚未解除或者终止劳动合同的劳动者，给其他用人单位造成损失的，应当承担连带赔偿责任。

二、《中华人民共和国消费者权益保护法》相关知识

1. 概况和背景

制定《中华人民共和国消费者权益保护法》（以下简称《消费者权益保护法》）是为保护消费者的合法权益，维护社会经济秩序，促进社会主义市场经济健康发展。消费者为生活消费需要购买、使用商品或者接受服务，其权益受《消费者权益保护法》保护；《消费者权益保护法》未作规定的，受其他有关法律、法规保护。经营者为消费者提供其生产、销售的商品或者提供服务，应当遵守《消费者权益保护法》；《消费者权益保护法》未作出规定的，应当遵守其他有关法律、法规。经营者与消费者进行交易，应当遵循自愿、平等、公平、诚实信用的原则。

国家保护消费者的合法权益不受侵害。国家采取措施，保障消费者依法行使权利，维护消费者的合法权益。保护消费者的合法权益是全社会的共同责任。国家鼓励、支持一切组织和个人对损害消费者合法权益的行为进行社会监督。大众传播媒介应当做好维护消费者合法权益的宣传，对损害消费者合法权益的行为进行舆论监督。

2. 与酒店职业相关的主要内容

（1）消费者的权利。消费者在购买、使用商品和接受服务时享有人身、财产安全不受损害的权利。消费者有权要求经营者提供的商品和服务，符合保障人身、财产安全的要求。消费者享有知悉其购买、使用的商品或者接受的服务的真实情况的权利。消费者有权根据商品

或者服务的不同情况，要求经营者提供商品的价格、产地、生产者、用途、性能、规格、等级、主要成分、生产日期、有效期限、检验合格证明、使用方法说明书、售后服务，或者服务的内容、规格、费用等有关情况。

消费者享有自主选择商品或者服务的权利。消费者有权自主选择提供商品或者服务的经营者，自主选择商品品种或者服务方式，自主决定购买或者不购买任何一种商品、接受或者不接受任何一项服务。消费者在自主选择商品或者服务时，有权进行比较、鉴别和挑选。消费者享有公平交易的权利。消费者在购买商品或者接受服务时，有权获得质量保障、价格合理、计量正确等公平交易条件，有权拒绝经营者的强制交易行为。消费者因购买、使用商品或者接受服务受到人身、财产损害的，享有依法获得赔偿的权利。消费者享有依法成立维护自身合法权益的社会团体的权利。

(2) 经营者的义务。经营者向消费者提供商品或者服务，应当依照《中华人民共和国产品质量法》和其他有关法律、法规的规定履行义务。经营者和消费者有约定的，应当按照约定履行义务，但双方的约定不得违背法律、法规的规定。经营者应当听取消费者对其提供的商品或者服务的意见，接受消费者的监督。经营者应当保证其提供的商品或者服务符合保障人身、财产安全的要求。经营者应当向消费者提供有关商品或者服务的真实信息，不得作引人误解的虚假宣传。

经营者应当标明其真实名称和标记。租赁他人柜台或者场地的经营者，应当标明其真实名称和标记。经营者提供商品或者服务，应当按照国家有关规定或者商业惯例向消费者出具购货凭证或者服务单据；经营者应当保证在正常使用商品或者接受服务的情况下其提供的商品或者服务应当具有的质量、性能、用途和有效期限；但消费者在购买该商品或者接受该服务前已经知道其存在瑕疵的除外。经营者提供商品或者服务，按照国家规定或者与消费者的约定，承担包修、包换、包退或者其他责任的，应当按照国家规定或者约定履行，不得故意拖延或者无理拒绝。

(3) 国家对消费者合法权益的保护。国家制定有关消费者权益的法律、法规和政策时，应听取消费者的意见和要求。各级人民政府应当加强领导，组织、协调、督促有关行政部门做好保护消费者合法权益的工作。各级人民政府工商行政管理部门和其他有关行政部门应当依照法律、法规的规定，在各自的职责范围内，采取措施，保护消费者的合法权益。有关国家机关应当依照法律、法规的规定，惩处经营者在提供商品和服务中侵害消费者合法权益的违法犯罪行为。人民法院应当采取措施，方便消费者提起诉讼。对符合《中华人民共和国民事诉讼法》起诉条件的消费者权益争议，必须受理，及时审理。

(4) 争议的解决。消费者和经营者发生消费者权益争议的，可以通过几种途径解决。消费者在购买、使用商品时，其合法权益受到损害的，可以向销售者要求赔偿。消费者在购买、使用商品或者接受服务时，其合法权益受到损害，因原企业分立、合并的，可以向变更后承受其权利义务的企业要求赔偿。使用他人营业执照的违法经营者提供商品或者服务，损害消费者合法权益的，消费者可以向其要求赔偿，也可以向营业执照的持有人要求赔偿。消费者在展销会、租赁柜台购买商品或者接受服务，其合法权益受到损害的，可以向销售者或者服务者要求赔偿。消费者因经营者利用虚假广告提供商品或者服务，其合法权益受到损害的，可以向经营者要求赔偿。

（5）法律责任。经营者提供商品或者服务，造成消费者或者其他受害人人身伤害的，应当支付医疗费、治疗期间的护理费、因误工减少的收入等费用，造成残疾的，还应当支付残疾者生活自助费、生活补助费、残疾赔偿金以及由其扶养的人所必需的生活费等费用；构成犯罪的，依法追究刑事责任。经营者提供商品或者服务，造成消费者或者其他受害人死亡的，应当支付丧葬费、死亡赔偿金以及由死者生前扶养的人所必需的生活费等费用；构成犯罪的，依法追究刑事责任。

经营者提供商品或者服务，造成消费者财产损害的，应当按照消费者的要求，以修理、重作、更换、退货、补足商品数量、退还货款和服务费用或者赔偿损失等方式承担民事责任。消费者与经营者另有约定的，按照约定履行。经营者以预收款方式提供商品或者服务的，应当按照约定提供。未按照约定提供的，应当按照消费者的要求履行约定或者退回预付款；并应当承担预付款的利息、消费者必须支付的合理费用。

三、《中华人民共和国旅馆业治安管理办法》相关知识

1. 概况和背景

制定《中华人民共和国旅馆业治安管理办法》（以下简称《办法》）是为了保障旅馆业的正常经营和旅客的生命财物安全，维护社会治安。凡经营接待旅客住宿的旅馆、酒店、招待所、客货栈、车马店、浴池等（以下统称旅馆），不论是国有、集体经营，还是合伙经营、个体经营、中外合资、中外合作经营，不论是专营，还是兼营，不论是常年经营，还是季节性经营，都必须遵守《办法》。

2. 与酒店职业相关的主要内容

申请开办旅馆，应经主管部门审查批准，经当地公安机关签署意见，向工商行政管理部门申请登记，领取营业执照后，方准开业。经批准开业的旅馆，如有歇业、转业、合并、迁移、改变名称等情况，应当在工商行政管理部门办理变更登记后3日内，向当地的县、市公安局、公安分局备案。经营旅馆，必须遵守国家的法律，建立各项安全管理制度，设置治安保卫组织或者指定安全人员。旅馆接待旅客住宿必须登记。登记时，应当查验旅客的身份证件，按规定的项目如实登记。接待境外旅客住宿，还应当在24小时内向当地公安机关报送

住宿登记表。

旅馆应当设置旅客财物保管柜或者保管室、保险柜，指定专人负责保管工作。对旅客寄存的财物，要建立登记、领取和交接制度。旅馆对旅客遗留的物品，应当妥为保管，设法归还原主或揭示招领；经招领2个月后无人认领的，要登记造册，送当地公安机关按拾遗物品处理。对违禁物品和可疑物品，应当及时报告公安机关处理。

旅馆工作人员发现违法犯罪分子、形迹可疑人员和被公安机关通缉的罪犯，应当立即向当地公安机关报告，不得知情不报或隐瞒包庇。当事人对公安机关的行政处罚决定不服的，按照《中华人民共和国治安管理处罚法》规定的程序办理。

四、《外国人入境出境管理法》相关知识

1. 概况和背景

制定《外国人入境出境管理法》（以下简称《管理法》）是为维护中华人民共和国的主权、安全和社会秩序，有利于发展国际交往。外国人入、出、通过中华人民共和国国境和在中国居留、旅行，适用《管理法》。外国人入境、过境和在中国境内居留，必须经中国政府主管机关许可。外国人入境、出境、边境，必须从对外国人开放的或者指定的口岸通行，接受边防检查机关的检查。外国的交通工具入境、出境、边境，必须从对外国人开放的或者指定的口岸通行，接受边防检查机关的检查和监护。

中国政府保护在中国境内的外国人的合法权利和利益。外国人在中国境内，必须遵守中国法律，不得危害中国国家安全、损害社会公共利益、破坏社会公共秩序。

2. 与酒店职业相关的主要内容

（1）入境。外国人入境，应当向中国的外交代表机关、领事机关或者外交部授权的其他驻外机关申请办理签证。在特定情况下，依照国务院规定，外国人也可以向中国政府主管机关指定口岸的签证机关申请办理签证。同中国政府订有签证协议的国家的人员入境，按照协议执行。外国对中国公民入境、过境有专门规定的，中国政府主管机关可以根据情况采取相应措施。持联程客票搭乘国际航班直接过境，在中国停留不超过24小时不出机场的外国人，免办签证。要求临时离开机场的，需经边防检查机关批准。外国人申请各项签证，应当提供有效护照，必要时提供有关证明。中国政府主管机关根据外国人申请入境的事由，发给相应的签证。被认为入境后可能危害中国的国家安全、社会秩序的外国人，不准入境。

（2）居留。外国人在中国居留，必须持有中国政府主管机关签发的身份证件或者居留证件。身份证件或者居留证件的有效期限，根据入境的事由确定。在中国居留的外国人，应当在规定的时间内到当地公安机关缴验证件。依照中国法律在中国投资或者同中国的企业、事业单位进行经济、科学技术、文化合作以及其他需要在中国长期居留的外国人，经中国政府

主管机关批准，可以获得长期居留或者永久居留资格。对不遵守中国法律的外国人，中国政府主管机关可以缩短其在中国停留的期限或者取消其在中国居留的资格。外国人在中国境内临时住宿，应当依照规定，办理住宿登记。

（3）旅行。外国人持有效的签证或者居留证件，可以前往中国政府规定的对外国人开放的地区旅行。外国人前往不对国外人开放的地区旅行，必须向当地公安机关申请旅行证件。

（4）出境。外国人出境，凭本人有效护照或者其他有效证件。《管理法》罗列了外国人不准出境的几种情况。分别是：刑事案件的被告人和公安机关或者人民检察院或者人民法院认定的犯罪嫌疑人；人民法院通知有未了结民事案件不能离境的；有其他违反中国法律的行为尚未处理，经有关主管机关认定需要追究的。

（5）管理机关。中国政府在国外受理外国人入境、过境申请的机关，是中国的外交代表机关、领事机关和外交部授权的其他驻外机关。中国政府在国内受理外国人入境、过境、居留、旅行申请的机关，是公安部、公安部授权的地方公安机关和外交部、外交部授权的地方外事部门。受理外国人入境、过境、居留、旅行申请的机关有权拒发签证、证件；对已经发出的签证、证件，有权吊销或者宣布作废。公安部和外交部在必要时，可以改变各自授权的机关所作出的决定。对非法入境、非法居留的外国人，县级以上公安机关可以拘留审查、监视居住或者遣送出境。

（6）处罚。对违反《管理法》规定，非法入境、出境的，在中国境内非法居留或者停留的，未持有效旅行证件前往不对外国人开放的地区旅行的，伪造、涂改、冒用、转让入境、出境证件的，县级以上公安机关可以处以警告、罚款或者 10 日以下拘留处罚；情节严重，构成犯罪的，依法追究刑事责任。受公安机关罚款或者拘留处罚的外国人，对处罚不服的，在接到通知之日起 15 日内，可以向上一级公安机关提出申诉，由上一级公安机关作出最后裁决，也可以直接向当地人民法院提起诉讼。行为情节严重的，公安部可以处以限期出境或者驱逐出境的处罚。

辅导练习题

一、判断题（下列判断正确的请在括号内打“√”，错误的请在括号内打“×”）

1. 劳动合同期限为 3 个月以上不满 1 年的，试用期不得超过 1 个月。（　　）

2. 根据《中华人民共和国劳动法》的有关规定，劳动者在工伤、生育等客观情况下可以享受社会保险。（　　）

3. 劳动者违反服务期约定的，应当按照约定向用人单位支付违约金。（　　）

4. 根据《中华人民共和国消费者权益保护法》的有关规定，消费者的权利不包括自主

选择权。（　）

5. 消费者享有依法成立维护自身合法权益的社会团体的权利。（　）

6. 根据我国《旅馆业治安管理办法》的有关规定，旅客在住宿期间不得私自转让、转租房间，未经旅馆工作人员同意，不准私自倒换房间和床位。（　）

7. 根据我国《旅馆业治安管理办法》的有关规定，旅客住宿期间对房间具有使用权，可私自留宿亲朋好友。（　）

8. 根据我国《外国人入境出境管理法实施细则》的有关规定，外国人在宾馆住宿，应当出示飞机票或邀请函。（　）

9. 建立劳动关系，应当订立书面劳动合同。已建立劳动关系，未同时订立书面劳动合同的，应当自用工之日起 3 个月内订立书面劳动合同。（　）

10. 劳动合同期限 3 个月以上不满 1 年的，试用期不得超过两个月。（　）

11. 劳动者在试用期内提前 1 日通知用人单位，可以解除劳动合同。（　）

12. 依法经有关行政部门认定为不合格的商品，消费者要求退货的，经营者应当负责退货。（　）

13. 接待境外旅客住宿，还应当在 48 小时内向当地公安机关报送住宿登记表。（　）

14. 持联程客票搭乘国际航班直接过境，在中国停留不超过 48 小时不出机场的外国人，免办签证。（　）

二、单项选择题（下列每题有 4 个选项，其中只有 1 个是正确的，请将其代号填写在横线空白处）

1. 根据《中华人民共和国劳动合同法》的有关规定，劳动合同中规定试用期的最长时间为不超过________。

A. 3 个月　　B. 6 个月

C. 1 年　　D. 8 个月

2. 《中华人民共和国劳动合同法》有以下特点，不包括________。

A. 加大了对劳动者的保护

B. 兼顾了对用人单位合法权益的保护

C. 增强了职工在民主决策、监督和管理方面的作用

D. 缩小了法律的适用范围

3. 劳动合同终止，有几种情况用人单位应当向劳动者支付经济补偿，不包括________。

A. 经济补偿按劳动者在本单位工作的年限，每满 1 年支付 1 个月工资的标准向劳动者支付

B. 6 个月以上不满 1 年的，按 1 年计算

C. 不满 6 个月的，向劳动者支付 1 个月工资的经济补偿

D. 用人单位依照规定应当向劳动者支付经济补偿的，可在工作交接时支付

4. 根据《中华人民共和国消费者权益保护法》的有关规定，消费者的权利是________。

A. 接受批评监督权　　B. 保证质量权

C. 低价优先购买权　　D. 自主选择权

5. 根据《中华人民共和国消费者权益保护法》的有关规定，经营者的义务不包括________。

A. 履行约定义务　　B. 履行法定义务

C. 提供真实信息义务　　D. 低价销售义务

6. 根据《中华人民共和国消费者权益保护法》的有关规定，消费者应当享有的权利不包括________。

A. 安全保障权　　B. 受尊重权

C. 公平交易权　　D. 接受监督批评权

7. 根据《中华人民共和国消费者权益保护法》的有关规定，经营者的义务不包括________。

A. 履行约定义务　　B. 履行法定义务

C. 提供真实信息义务　　D. 低价销售义务

8. 根据《中华人民共和国消费者权益保护法》的有关规定，消费者应当具备的基本条件包括________。

A. 消费者主体只限于公民个人　　B. 消费方式只能是购买

C. 消费客体只能是商品　　D. 消费性质必须是生产资料的消费

9. 根据我国《旅馆业治安管理办法》的有关规定，旅客住宿必须遵守的规定包括禁止私自转让房间、________。

A. 同一单位的旅客之间可自行倒换房间、床位

B. 自行倒换床位的数量仅限一张

C. 旅客有权私自留客住宿

D. 遵守旅馆各项管理制度

10. 根据我国《旅馆业治安管理办法》的有关规定，旅客住宿必须遵守的规定不包括________。

A. 交验能证明本人身份的证件

B. 同一单位的多名宾客可以只填写一张住宿登记表

C. 禁止私自留客住宿或转让房间

D. 未经旅馆工作人员同意，不准自行倒换房间

11. 根据我国《旅馆业治安管理办法》的有关规定，旅客住宿必须遵守的规定包括________。

A. 交验能证明本人身份的证件

B. 自行倒换床位的数量仅限一张

C. 旅客有权私自留客住宿

D. 同一单位的旅客之间可自行倒换房间、床位

12. 根据我国《外国人入境出境管理法实施细则》的有关规定，外国人在宾馆住宿，应当出示________或居留证件。

A. 工作证　　　　B. 护照

C. 飞机票　　　　D. 邀请函

13. 用人单位应当在解除或者终止劳动合同时出具解除或者终止劳动合同的证明，并在________日内为劳动者办理档案和社会保险关系转移手续。

A. 15　　　　B. 10

C. 5　　　　D. 3

14. 用人单位对已经解除或者终止的劳动合同的文本，至少保存________年备查。

A. 2　　　　B. 3

C. 5　　　　D. 1

参考答案及说明

一、判断题

1. √。

2. √。

3. √。

4. ×。

5. √。

6. √。

7. ×。根据我国《旅馆业治安管理办法》的有关规定，旅客住宿期间对房间具有使用权，不可私自留宿亲朋好友。

8. ×。

9. ×。建立劳动关系，应当订立书面劳动合同。已建立劳动关系，未同时订立书面劳动

合同的，应当自用工之日起 1 个月内订立书面劳动合同。

10. ×。劳动合同期限 1 个月以上不满 1 年的，试用期不得超过两个月。

11. ×。劳动者在试用期内提前 3 日通知用人单位，可以解除劳动合同。

12. √。

13. ×。接待境外旅客住宿，还应当在 24 小时内向当地公安机关报送住宿登记表。

14. ×。持联程客票搭乘国际航班直接过境，在中国停留不超过 24 小时不出机场的外国人，免办签证。

二、单项选择题

1. B　2. D　3. D　4. D　5. D　6. D　7. D　8. A　9. D　10. B

11. A　12. B　13. A　14. A

第二部分 模拟试卷

基础知识考核模拟试卷

一、判断题（下列判断正确的请在括号内打“√”，错误的请在括号内打“×”，每题1分，共30分）

1. 按照人类生产、生活、社会实践活动领域的不同，道德中不包括家庭美德。（　　）

2. 职业道德是历史继承性和时代进步性的高度统一体。（　　）

3. 拾金不昧不仅仅是一个口号，一个名词，更应该是一种信念、一种精神。（　　）

4. 礼仪是社会、道德、习俗、宗教等方面人们行为的规范，它是人们文明程度和道德修养的一种外在表现形式。（　　）

5. 前厅服务员的正确走姿是将手插在裤兜里，显得有风度。（　　）

6. 沟通与交流是人与人之间交换意见、观点、情况或情感的过程，这一过程是通过语言和非语言行为来完成的。（　　）

7. 蒙古族人不吃一切动物的血。（　　）

8. 大部分满族日食三餐，绝大部分满族以糌粑为主食，即把青稞炒熟磨成细粉。（　　）

9. 苗族的节日主要有雪顿节、望果节、林卡节、洗澡节和藏历年。（　　）

10. 日本传统的民族服装是和服。（　　）

11. 韩国为单一民族朝鲜族，通用朝鲜语。（　　）

12. 新加坡是以“花园城市”享誉世界的国家。（　　）

13. 马来西亚的穆斯林要过两个重要的宗教节日，即肉孜节和古尔邦节。（　　）

14. 英国人忌蝙蝠作图案的商品和包装。（　　）

15. 娱乐型宾客的住房不仅是休息睡觉的场所，而且还是工作学习的地方，因此要求房内隔音良好，光线充足，备有写字台与直拨电话。（　　）

16. 商务型宾客希望酒店能介绍娱乐场所的特点、当地餐饮的经营特色、天气预报，还

能为他们提供交通的建议。（　）

17. 酒店前厅服务质量是一个过程质量。（　）

18. 酒店服务质量受人为因素影响不大。（　）

19. 计算机的安全可靠性是指计算机系统保证提供正确管理、决策和经营信息的能力。（　）

20. 酒店网站的设计首先要抓住酒店的突出特点，以增加浏览者的兴趣，挖掘潜在的客户。（　）

21. 酒店使用计算机建立、管理客史档案，可以在未来向宾客提供有针对性的服务。（　）

22. 燃烧的产生必须同时具备三个条件：可燃物、助燃物和着火源。（　）

23. 总台员工应将现金、客账、账本等重要财务妥善安置、安排专人保管，随时准备疏散转移。（　）

24. 隔离灭火法是将灭火剂喷射于燃烧物上，通过吸热使其温度降低到燃点以下。（　）

25. I have a reservation，but I will postpone my check-in time 的中文意思是我有一个包，但是里面没有什么贵重的物品。（　）

26. May I stay here longer than planned 的中文意思是我可以延期吗？（　）

27. Could you change a room facing south for me 的中文意思是能否给我换一间朝阳的房间？（　）

28. 根据《中华人民共和国劳动法》的有关规定，劳动者在工伤、生育等客观情况下可以享受社会保险。（　）

29. 根据《中华人民共和国消费者权益保护法》的有关规定，消费者的权利不包括自主选择权。（　）

30. 根据我国《旅馆业治安管理办法》的有关规定，旅客住宿期间对房间具有使用权，可私自留宿亲朋好友。（　）

二、单项选择题（下列每题有 4 个选项，其中只有 1 个是正确的，请将其代号填写在横线空白处，每题 1 分，共 50 分）

1. 下列有关道德的认识错误的是________。

A. 遵守道德能够使社会趋于稳定

B. 道德也可以用来调整各种社会关系

C. 只要遵守法律，就用不着遵守道德了

D. 道德是一种人的意识形态

2. 对于职业道德的衡量，社会舆论和________是一种来自外部的约束力。

A. 内心信念　　B. 传统习惯

C. 心灵感应　　D. 家庭成员的评价

3. 当从业人员违反了具有一定法律效力的职业章程、职业合同、职业责任、操作规程，给企业和社会带来损失和危害时，职业道德就将用其具体的评价标准，对违规者进行处罚。这是道德的________。

A. 一定的强制性　　B. 鲜明的行业性

C. 相对稳定性　　D. 利益相关性

4. “遵纪守法，廉洁奉公”的职业守则要求员工________。

A. 严格执行政策法令　　B. 密切配合，互相支持

C. 尽心尽责，服务周到　　D. 真诚待客，拾金不昧

5. 在酒店业，职业道德对于前厅服务员的意义不包括________。

A. 职业道德可以使员工提高对酒店前厅工作的认识

B. 职业道德可以让酒店业的经营规模高于其他行业

C. 职业道德加深员工对酒店前厅工作的情感

D. 职业道德可以磨炼员工工作的意志

6. 礼仪的________是指礼仪形成本身是个动态发展过程，是在风俗和传统变化中形成的行为规范。

A. 沿袭性　　B. 国际性

C. 时代性　　D. 动态性

7. ________是礼貌的具体表现。

A. 礼节　　B. 礼仪

C. 礼教　　D. 礼物

8. 不属于“文明接待、礼貌服务”原则内容的是________。

A. 以客为主，尊重他人　　B. 一视同仁，真诚关心

C. 严守纪律，照章办事　　D. 得理也得让人

9. 站立服务是酒店员工的基本功之一，主要有________种站姿。

A. 2　　B. 3

C. 4　　D. 5

10. 不属于酒店微笑服务内容的是________。

A. 微笑是酒店员工自身的需要　　B. 微笑是酒店的需要

C. 微笑是宾客感情的需要　　D. 微笑是酒店效益的需要

11. 当宾客与宾客交谈时，服务员________。

A. 可随意插话　　B. 不可随意插话

C. 可趋前旁听　　D. 可以打断宾客谈话

12. 回族人不吃________。

A. 甜品　　B. 辣椒

C. 芥末　　D. 一切动物的血

13. 维吾尔族的节日主要有________。

A. 那达慕　　B. 洗澡节

C. 雪顿节　　D. 古尔邦节

14. 在斋月期间招待信仰伊斯兰教的宾客时，宴请只能在________进行。

A. 日落后　　B. 上午

C. 中午　　D. 下午

15. ________人视绵羊为生活的保证、财富的源泉。日食三餐，每餐都离不开奶与肉。

A. 蒙古族　　B. 维吾尔族

C. 满族　　D. 土家族

16. 满族人孝敬长辈，注重礼节，亲友相见，除握手互敬问候外，有的还行________。

A. 贴面礼　　B. 碰鼻子礼

C. 抱腰接面礼　　D. 接吻礼

17. 彝族喜吃坨坨肉、________。

A. 干菜　　B. 饽饽

C. 转转酒　　D. 馒头

18. 关于法国人的主要社交习俗，下列说法错误的是________。

A. 法国人重视正餐，一般晚餐丰盛

B. 喜欢喝葡萄酒

C. 喜欢黄色的花

D. 忌送香水给一般的女人

19. 关于加拿大人的主要社交习俗，下列说法正确的是________。

A. 喜欢别人赠送白色的百合花　　B. 通行握手礼

C. 爱吃各种动物内脏　　D. 大部分人信仰伊斯兰教

20. 关于日本人的主要社交习俗，下列说法正确的是________。

A. 日本人最喜欢的数字是“4”　　B. 日本人忌讳的颜色是黑色

C. 喜欢赠送和摆设荷花或荷花图案　　D. 待人接物常用自谦语

21. 关于美国人的主要社交习俗，下列说法错误的是________。

A. 美国人饮食忌油腻

B. 美国人忌讳数字“13”

C. 美国人忌谈个人私事，如年龄、婚姻状况等

D. 喜欢吃动物内脏

22. 关于英国人的主要社交习俗，下列说法正确的是________。

A. 喜欢数字“13”　　B. 喜欢大房间并有单独住的习惯

C. 喜欢百合花　　D. 忌讳鹰的图案

23. 关于泰国人的主要社交习俗，下列说法错误的是________。

A. 喜欢人触摸头部　　B. 忌讳褐色

C. 常用“合十”礼　　D. 给长者递东西用右手

24. 下列关于酒店员工工作效能下降的说法正确的是________。

A. 工作效能随时间的延长而一直加强

B. 工作效能随时间的延长而一直减弱

C. 工作效能与时间长短无关

D. 工作效能随时间的延长而发生起伏变化

25. 商务型宾客将________作为选择酒店的首要指标。

A. 酒店的区位和商务设施水平　　B. 酒店的服务质量

C. 酒店的知名度　　D. 酒店的特色及酒店的娱乐设施多样性

26. 对员工心理问题的管理可以从以下几个方面入手，其中不包括________。

A. 加强业务培训　　B. 进行人本化管理

C. 企业文化建设　　D. 对员工加强激励

27. 酒店宾客的心理需求有以下几点，其中不包括________。

A. 卫生安全　　B. 舒适畅快

C. 方便快捷　　D. 价格低廉

28. 酒店前厅服务质量的特征有以下几点，其中不包括________。

A. 具有口碑效应　　B. 具有波动性

C. 质量评价具有主观性　　D. 具有差异性

29. 到目前为止，酒店业中的计算机应用已经经历了以下________阶段。

A. 电算化阶段—自动化阶段—网络化阶段—集成化阶段—协同化阶段

B. 自动化阶段—电算化阶段—网络化阶段—集成化阶段—协同化阶段

C. 电算化阶段—自动化阶段—协同化阶段—集成化阶段—网络化阶段

D. 自动化阶段—电算化阶段—集成化阶段—网络化阶段—协同化阶段

30. 网络的基本应用包括以下几个方面，其中不包括________。

A. 信息浏览　　B. 电子邮件

C. 文件传送　　D. 行李寄存服务

31. 网络订房的优势分为以下几个方面，其中不包括________。

A. 使宾客更加全面、快捷地了解酒店的信息

B. 使宾客更加喜欢酒店

C. 实现了酒店与宾客的双向沟通

D. 为酒店争取到了更多的客源

32. 下列内容不属于计算机预订模块功能的是________。

A. 显示动态房态　　B. 调整宾客房价和服务费

C. 预订锁房　　D. 客房预订

33. 计算机客史建档功能主要体现在________。

A. 自动生成住店宾客名单信息　　B. 客史显示

C. 历史同期汇总　　D. 自定义报表

34. 酒店前厅部防火的措施有以下几个方面，不包括________。

A. 关闭防火门窗，切断空气对流　　B. 加强日常巡视

C. 注意电器设备的维护　　D. 要配备足够的烟灰缸

35. 使用干粉灭火器时，首先拔下保险销，然后一手握紧喷嘴胶管，对准燃烧物体，另一手握住提把，拉起________，喷出粉末。

A. 安全阀　　B. 虹吸管

C. 提环　　D. 卡带

36. 起火的三个基本条件是________。

A. 可燃物、热源和氧气　　B. 温度、空气和空间

C. 时间、火力大小和燃烧空间　　D. 燃烧的地点、燃烧的时间和燃烧的物质

37. 发生火灾无法控制时，应立即关闭房门，迅速从________疏散人群。

A. 窗户　　B. 楼梯

C. 电梯　　D. 消防通道

38. 发生火灾时，下列逃生方法中不正确的是________。

A. 火势无法控制时，应立即关闭房门，迅速从消防通道疏散

B. 高层人员无法下楼，可往上跑，不要硬往下跑

C. 逃生跑到楼顶后，站在顺风方向，等待援救

D. 疏散通道不能使用时，立即返回房间自救或等待他人救援

39. Have you made a reservation 的中文意思是________。

A. 你要用早餐吗　　B. 你们什么时候退房

C. 您办理过预订吗　　D. 我们已经客满

40. You must be very tired after a long trip 的中文意思是________。

A. 你要什么样的房间　　B. 您旅途辛苦了

C. 您一定是需要帮忙　　D. 你必须用现金结账

41. I have a reservation，but I will postpone my check-in time 的中文意思是________。

A. 我有支票，但是还没有签字

B. 我已经办理了预订，但我要推迟入住

C. 我有一个包，但是里面没有什么贵重的物品

D. 我曾经预订过，但是住客不是我

42. May I stay here longer than planned 的中文意思是________。

A. 我可以延期吗　　B. 我想现在用餐

C. 我可以换张长点的桌子吗　　D. 我想在这里等人

43. Please fill out this registration form 的中文意思是________。

A. 请您填写登记表　　B. 请您确认预订

C. 请把浴缸的水充满　　D. 请把门关上

44. 劳动合同终止，有几种情况用人单位应当向劳动者支付经济补偿，不包括________。

A. 经济补偿按劳动者在本单位工作的年限，每满 1 年支付 1 个月工资的标准向劳动者支付

B. 6 个月以上不满 1 年的，按 1 年计算

C. 不满 6 个月的，向劳动者支付 1 个月工资的经济补偿

D. 用人单位依照规定应当向劳动者支付经济补偿的，可在工作交接时支付

45. 根据《中华人民共和国消费者权益保护法》的有关规定，消费者的权利是________。

A. 接受批评监督权　　B. 保证质量权

C. 低价优先购买权　　D. 自主选择权

46. 根据我国《旅馆业治安管理办法》的有关规定，旅客住宿必须遵守的规定包括禁止私自转让房间、________。

A. 同一单位的旅客之间可自行倒换房间、床位

B. 自行倒换床位的数量仅限一张

C. 旅客有权私自留客住宿

D. 遵守旅馆各项管理制度

47. 根据我国《外国人入境出境管理法实施细则》的有关规定，外国人在宾馆住宿，应当出示________或居留证件。

A. 工作证　　B. 护照　　C. 飞机票　　D. 邀请函

48. 用人单位应当在解除或者终止劳动合同时出具解除或者终止劳动合同的证明，并在________日内为劳动者办理档案和社会保险关系转移手续。

A. 15　　B. 10　　C. 5　　D. 3

49. 用人单位对已经解除或者终止的劳动合同的文本，至少保存________年备查。

A. 2　　B. 3　　C. 5　　D. 1

50. 公共卫生突发性事故的报告范围不包括________。

A. 微小气候或空气质量不符合卫生标准所致的虚脱休克

B. 生活饮水遭受污染或饮水污染所致的传染性疾病流行和中毒

C. 公共用具、用水和卫生设施遭受污染所致传染性疾病、皮肤病

D. 意外事故导致的精神损害

三、多项选择题（下列每题中的多个选项中，至少有 2 个是正确的，请将正确答案的代号填在横线空白处，每题 1 分，共 20 分）

1. 道德的含义包括________。

A. 一个社会的道德的性质、内容是由社会生产方式、经济关系决定的

B. 道德是以善与恶、好与坏、偏私与公正等作为标准来调整人们之间的行为的

C. 道德是由国家法律强制执行的

D. 道德不是由专门的机构来制定和强制执行的，而是依靠社会舆论和人们的内心信念、传统思想和教育的力量来调节的

2. 职业道德的特征是________。

A. 鲜明的行业性　　B. 适用范围的有限性

C. 表现形式的多样性　　D. 一定的强制性

3. 酒店员工在运用手势时，应注意________。

A. 在引路、指示方向等时，应注意手指自然并拢，掌心向上，以肘关节为支点，指示目标，切忌伸出食指来指点

B. 通过手势，可以表达介绍、引领、请、再见等多种含义。手势一定要柔和，但也不能拖泥带水

C. 在电梯引导时，引导宾客乘坐电梯时，接待人员先进入电梯，等宾客进入后关闭电梯门，到达时，接待人员按“开”的按钮，让宾客先走出电梯

D. 在客厅里引导时，当宾客走入客厅，接待人员用手指示，请宾客坐下，看到宾客坐下后，才能行点头礼后离开

4. 酒店的服饰要符合________个特征。

A. 整洁实用　　B. 多样统一

C. 和谐含蓄　　D. 颜色式样统一

5. 壮族的禁忌主要有________。

A. 忌食牛肉、蛙肉　　B. 忌筷子跌落地上，忌把筷子插到碗里

C. 夜间行走忌吹口哨　　D. 忌坐门中间

6. 苗族的禁忌主要有________。

A. 忌食羊肉

B. 日落黄昏，最忌吹口哨

C. 同辈男女都以兄弟姐妹相称，忌“姐夫”“妹夫”之称

D. 忌在灶上煮狗肉、蛇肉，忌刀口朝上、凶器指人

7. 泰国人的禁忌有________。

A. 最忌人触摸头部　　B. 忌讳头向西方

C. 忌用红笔签名　　D. 忌用脚把东西踢给别人

8. 德国人的禁忌有________。

A. 忌讳“13”

B. 生日不得提前祝贺

C. 不宜随意送人玫瑰或蔷薇

D. 不以褐色、白色、黑色的包装纸和彩带包装、捆扎礼品

9. 澳大利亚人的禁忌有________。

A. 对兔子特别忌讳

B. 交谈时，多谈私人生活

C. 忌讳与穿着睡衣的人见面

D. 用一根火柴或打火机为澳大利亚人点烟时，切记不能连续点三个人

10. 在服务的过程中，要做到________。

A. 细心地观察　　B. 无微不至地关注

C. 个性化的服务　　D. 给予自由的空间

11. 提升前厅服务质量管理的意义是________。

A. 降低了经营成本　　B. 提高了宾客的满意度
C. 提高了住房率　　D. 降低了员工的满意度

12. 国内酒店管理软件系统有________。
A. 杭州西软 Foxhis 酒店管理系统
B. 北京华仪酒店管理系统
C. 北京中软好泰 CSHIS 管理系统
D. 北京泰能公司酒店信息系统

13. 全球客房预订主要有________种网络系统。
A. 专业预订组织系统　　B. 中央预订系统
C. 专有预订系统　　D. 泰能预订系统

14. 火灾危害等级划分为________。
A. 特大火灾　　B. 重大火灾　　C. 一般火灾　　D. 特殊火灾

15. 按照充装灭火剂类型分为________。
A. 水型灭火器　　B. 空气泡沫灭火器
C. 干粉灭火器　　D. 卤代烷灭火器

16. 新加坡人的禁忌有________。
A. 忌谈宗教与政治方面的话题　　B. 不能讲“恭喜发财”的话
C. 视紫色、黑色为不吉利　　D. 视黑白黄为禁忌色

17. 酒店员工心理问题的主要表现是________。
A. 缺少团队合作的精神　　B. 缺乏事业心
C. 不遵守酒店的规章制度　　D. 缺乏沟通能力

18. 前厅服务质量管理网络由________级检查层次构成。
A. 酒店服务质量领导小组的检查
B. 质检部的稽查小组
C. 前厅部经理、主管组成的部门质检小组
D. 基层质检

19. 商务中心模块包括________。
A. 价格管理　　B. 交班稽核　　C. 接待夜核　　D. 账务预核

20. 防火的基本措施是________。
A. 控制可燃物体　　B. 破坏燃烧的助燃条件
C. 消除着火源——破坏燃烧的热能源　　D. 防止电路短路

基础知识考核模拟试卷参考答案及说明

一、判断题

1.×。根据道德的表现形式，通常我们把道德分为家庭美德、社会公德和职业道德三大领域。作为从事社会某一特定职业的从业者，要结合自身实际，加强职业道德修养，负担职业道德责任。同时，作为社会和家庭的重要成员，从业人员也要加强社会公德、家庭美德修养，负担起自己应尽的社会责任和家庭责任。

2.√。对于历史遗留下来的职业道德，我们应给予批判的继承。同时职业道德还要体现时代精神，适应时代的需要，具有鲜明的时代性。

3.√。前厅服务员拾到宾客的物品要及时地归还给宾客。

4.√。

5.×。前厅服务员行走动作连贯，从容稳健。不雅的步态会给人留下很不好的印象，如左右摇晃，弯腰驼背，左顾右盼，鞋底蹭地，将手插在裤兜里等。

6.√。

7.×。回族族人不吃一切动物的血。

8.×。大部分藏族日食三餐，绝大部分藏族以糌粑为主食，即把青稞炒熟磨成细粉。

9.×。藏族的节日主要有雪顿节、望果节、林卡节、洗澡节和藏历年。

10.√。日本传统的民族服装是和服。在隆重的社交场合或节庆时他们会穿和服出席。

11.√。

12.√。新加坡位于东南亚马来半岛南端，新加坡面积较小，由新加坡岛及附近很多小岛组成，是一个风景秀丽、以“花园城市”享誉世界的国家。

13.×。马来西亚的穆斯林要过两个重要的宗教节日，即开斋节和古尔邦节。

14.×。美国人忌蝙蝠作图案的商品和包装。

15.×。商务型宾客的住房不仅是休息睡觉的场所，而且还是工作学习的地方，因此要求房内隔音良好，光线充足，备有写字台与直拨电话。

16.×。娱乐型宾客希望酒店能介绍娱乐场所的特点、当地餐饮的经营特色、天气预报，还能为他们提供交通的建议。

17. √。

18. ×。酒店服务质量受人为因素影响较大。

19. √。

20. √。

21. √。

22. √。

23. √。

24. ×。隔离灭火法是将正在燃烧的物质与未燃烧的物质隔离，使火源独立。

25. ×。I have a reservation，but I will postpone my check-in time 的中文意思我有一个预订，但是我要延迟我的入住时间。

26. √。

27. √。

28. √。

29. ×。

30. ×。根据我国《旅馆业治安管理办法》的有关规定，旅客住宿期间对房间具有使用权，不可私自留宿亲朋好友。

二、单项选择题

1. C。道德和法律不同，道德是以善与恶、好与坏、偏私与公正等作为标准来调整人们之间的行为的。

2. B。对于职业道德的衡量，传统习惯和社会舆论都是一种来自外部的约束力。

3. A。当从业人员违反了具有一定法律效力的职业章程、职业合同、职业责任、操作规程，给企业和社会带来损失和危害时，职业道德就将用其具体的评价标准，对违规者进行处罚，轻则受到经济和纪律处罚，重则移交司法机关，由法律来进行制裁。

4. A。

5. B。

6. A。礼仪在发展变化中，表现为一种继承和发展。礼仪一旦形成，就有一种相对独立性。现在的礼仪形式就是从昨天的历史中继承下来的，有不少优秀的还要继续传承下去。而那些不合时宜的则会逐渐被抛弃。礼仪的沿袭和继承是个不断扬弃的社会进步的过程。

7. A。

8. C。

9. B。站立服务是酒店员工的基本功之一，主要有叉手站姿、背手站姿、背垂手站姿三种站姿。

10. B。酒店微笑是酒店员工自身的需要、是宾客感情的需要、是酒店效益的需要。

11. B。

12. D。

13. D。

14. A。

15. A。

16. C。

17. C。

18. C。

19. B。

20. D。

21. D。

22. B。

23. A。

24. D。

25. A。商务型宾客将酒店的区位和商务设施水平作为选择酒店的首要指标。其次考虑酒店的服务质量、酒店的知名度、酒店的特色及酒店的娱乐设施多样性。

26. A。

27. D。

28. D。

29. A。

30. D。

31. B。

32. B。

33. B。

34. A。

35. C。

36. A。

37. D。

38. C。

39. C。

40. B。

41. B。

42. A。

43. A。

44. D。

45. D。

46. D。

47. B。

48. A。

49. A。

50. D。

三、多项选择题

1. ABD。马克思主义伦理学认为，道德不是由法律来制定和强制执行的，而是依靠社会舆论和人们的内心信念、传统思想和教育的力量来调节的。

2. ABCD。

3. ABCD。

4. ABC。

5. ABCD。

6. ABCD。

7. ABCD。

8. ABCD。

9. AB。

10. ABCD。

11. ABC。

12. ABCD。

13. ABC。

14. ABC。

15. ABCD。

16. ABCD。

17. ABCD。

18. ABCD。

19. ABCD。

20. ABCD。